北京交通大学文化建设研究成果系列丛书

关爱·平安

——北京交通大学校园安全文化建设研究

陈明利　著

北京交通大学出版社
·北京·

内 容 简 介

本书立足于北京交通大学安全管理工作实践，通过各种途径广泛了解搜集学校校园安全文化建设的工作情况，系统梳理了北京交通大学校园安全文化建设历程，凝练了百年交大校园安全文化内涵。本书主要内容包括校园安全文化概述、校园安全文化建设、校园安全文化发展历程、校园安全文化与平安校园、校园安全风险预防与心理健康援助。

本书适合高校大学生及高校从事安全管理相关工作的管理人员阅读。

图书在版编目（CIP）数据

关爱·平安：北京交通大学校园安全文化建设研究 / 陈明利著. —北京：北京交通大学出版社，2016.8（2017.7 重印）

（北京交通大学文化建设研究成果系列丛书）

ISBN 978-7-5121-3026-5

Ⅰ.①关… Ⅱ.①陈… Ⅲ.①高等学校-学校管理-安全管理-研究-中国 Ⅳ.①G647.4

中国版本图书馆 CIP 数据核字（2016）第 207432 号

关爱·平安

GUAN'AI · PING'AN

责任编辑：田秀青

出版发行：北京交通大学出版社　　电话：010-51686414　http://www.bjtup.com.cn

地　　址：北京市海淀区高梁桥斜街 44 号　邮编：100044

印 刷 者：北京教图印刷有限公司

经　　销：全国新华书店

开　　本：170 mm×235 mm　印张：9.75　字数：130 千字

版　　次：2016 年 8 月第 1 版　2017 年 7 月第 2 次印刷

书　　号：ISBN 978-7-5121-3026-5/G · 1119

定　　价：36.00 元

本书如有质量问题，请向北京交通大学出版社质监组反映。对您的意见和批评，我们表示欢迎和感谢。

投诉电话：010-51686043，51686008；传真：010-62225406；E-mail：press@bjtu.edu.cn。

前　言

校园安全文化建设是全面落实科学发展观、构建和谐社会的时代要求。良好的校园秩序、和谐稳定的校园环境体现了校园的文明程度和发展潜力。在高校中重视校园安全文化建设，既是高等教育事业发展的客观需要，也是健全大学生人格、提高其综合素质的必然要求。在北京交通大学百年发展历史中，无数校园安全工作已经积淀出了学校关注广大师生员工人身生命安全和心理健康的关爱文化及维护校园环境和谐稳定的平安文化。

为了进一步落实《北京交通大学校园文化建设规划(2012—2020年)》，提高校园文化建设与研究水平，以理论研究指导带动实践创新，在交通大学120周年校庆前形成一批标志性文化建设成果，由校宣传部发起了校园文化建设的系列课题研究工作。作者有幸承担了其中关于“北京交通大学校园安全文化建设研究”的课题任务，得以对北京交通大学长期以来的校园安全工作展开系统研究。研究过程中，立足于北京交通大学安全管理工作实践，通过对我国高校安全文化建设相关文献资料的搜集和整理、在校内开展“你身边安全吗？”为主题的问卷调查、走访学校与安全工作相关部门及借助校园网络平台展开调研等各种途径，广泛了解搜集学校校园安全文化建设的工作情况，系统梳理北京交通大学校园安全文化建设历程，凝练百年交大校园安全文化内涵，最终撰写完成了《关爱·平安——北京交通大学校园安全文化建设研究》。

本书共分为校园安全文化建设理念篇和实践篇，主要围绕校园安全文化概述、校园安全文化建设、校园安全文化发展历程、校园安全文化与平安校园、校园安全风险预防与心理健康援助等方面的内容展开论述。以期通过本书，在传播校园安全文化理念和校园安全知识的同时，能够系统展示近年来北京交通大学广大师生员工在校园安全规章制度建设、校园安全管理、校园安全教育培训、平安校园建设、师生心理健康咨询等安全文化建设方面取得的经验成果。

本书的撰写得到了北京交通大学风险管理与保险研究所的大力支持，特别是宋守信、翟怀远等老师给予的无私指导和建议。何倩卉、杨琪、程悦、顾一波、肖楚阳、霍宇芸等研究生参与课题研究，为书稿撰写提供了大量基础素材。书中引用了许多来自校宣传部、保卫处、后勤集团、学生心理素质教育中心的相关资料，在此向提供资料的同事们表示衷心感谢！

由于作者水平有限，书中疏漏之处在所难免，真诚地欢迎同行专家和读者批评指正！

作者

2016.7

目录

Contents

第一篇　校园安全文化建设理念篇

第二篇　校园安全文化建设实践篇

第一篇

校园安全文化建设理念篇

第一章　校园安全文化概述

安全文化的理论研究源于 20 世纪 80 年代，将安全文化的理论引入校园文化建设实践中，主要是将研究对象限定在学校这一特定的文化群体范围。随着校园安全问题日益受到社会关注，如何从校园安全文化的角度来提升高校校园安全管理水平已经成为新时期高校和谐发展的客观需要。目前对于校园安全文化尚存在许多认识上的误区，本章将从文化、安全文化基本概念说起，深入剖析校园安全文化，并在理解校园安全文化内涵的基础上阐述校园安全文化的特点和功能。

第一节　校园安全文化的由来

校园安全文化是把校园安全作为一种文化来研究，体现了校园安全工作发展的更高境界。作为安全文化和校园文化的重要组成部分，校园安全文化同样也体现了文化的基本特性。要正确理解校园安全文化，需要从文化、安全文化开始慢慢阐述。

一、关于文化的认识

一谈到与文化相关的词语，许多人对其很不理解，会问："到底什么是文化？"确实，不同学者对文化有不同的界定和解释。

"文化（culture）"一词，在我国最早源于《易经》："观乎天文，以察时变；观乎人文，以化成天下。"这就是说，文化是一种以文明和道德作用于人，并通过作用于人而作用于社会的精神。在西方，文化一词来源于拉丁语 culture，有耕作、培养、教育、发展、尊重之意。最初它指土地的开垦以及植物的栽培；以后它又指对人的身体和精神的发展和培养，特别是艺术和道德方面的能力和精神的培养，进而它又泛指人们的生活方式、思维方式以及人们在征服自然和自我发展中所创造的物质财富和精神财富。英国"人类学家之父"E. B. 泰勒（E. B. Tylor）在其所著的《原始文化》（1871）中给出了这样的定义，"文化是人类在自身的历史经验中创造的包罗万象的复合体"，"所谓文化或文明，就其广泛的民族学意义来说，乃是包括知识、信仰、艺术、道德、法律、习惯以及其他人类作为社会的成员而获得的种种的能力、习性在内的一种复合的整体"。因此，从国外翻译过来的"文化"一词，其含义就要广泛得多，包括了知识、信仰、道德、法律、文艺和风俗等。按照这个观念，每个人都生活在一定的文化之中，身边的各种事物都带有文化的符号，衣、食、住、行无不具有文化的色彩。一般来讲，对文化的理解有狭义和广义之分。从狭义的角度，文化是指人类精神生产力和精神产品，包括一切社会意识形态以及与其相应的制度、组织机构。人们平时理解的知识、信仰、行为都属于狭义文化的范畴；从广义上说，文化是人类在社会实践过程中获得的物质、精神的生产力和创造的物质、精神的总和。作为一种历史现象，文化的发展有历史继承性；作为社会意识形态，文化是一定社会政治和经济的反映，同时又对一定社会的政治和经济产生巨大的影响。

文化的结构层次，通常又分为物质文化、制度文化和精神文化。物质文化专指存在于社会物质产品中的文化，反映了人与自然的关系；制度文化则指存在于社会政治、经济、管理等各种社会生活制度中的文化，反映了人与人之间的关系；精神文化，又称文化心态，即指存在于人们自身的思想、意念、言论、行为和生活习惯中的文化因素，诸如人的价值观念、道德观念、思维方式、行为模式和生活方式等，反映了人与自身的关系。

二、安全文化的起源

“安全文化”一词的提出以及人们有意识地发展安全文化尽管是近三十年的事情，但是安全文化却始终伴随着人类的产生发展。人类为了生存、繁衍和发展，不断地探寻和创造良好的、安全的生存条件和生活环境，保护自己在生产、生活乃至生存领域中能安全、健康和正常地活动，随之产生了人类最古老、最朴实的安全文化。人类从最原始的、本能的抵御天灾和兽害的微弱能力，经历了 300 多万年的进步和发展，不断地总结、追求、发现和创造。安全文化是人类社会超越时空的永恒主题。人们对自然和社会的认识能力的提高，将不断推动安全文化向前发展。

安全文化的概念和要求，起源于 20 世纪 80 年代的国际核工业领域。1986 年 4 月 26 日，位于苏联乌克兰加盟共和国首府基辅以北 130 公里的普里皮亚特市核电站，发生了自 1945 年日本遭受美国原子弹袭击以来全世界最严重的核灾难。这就是震惊世界的切尔诺贝利核电站核泄漏事故。事故后，国际原子能机构组织了一批专家对其进行现场考察，查找事故原因，并在 1991 年发表的报告《安全文化》中，首次定义了“安全文化”的概念，阐述了安全文化的理念以及如何评价安全文化的标准，并完整建立了一套核安全文化建设的思想和策略。国际核安全咨询组提出来的相对狭义的安全文化概念是这样描述的：“安全文化是存在于单位和个人中的种种特性和态度的总和，它建立一种超出一切之上的观念，即核电厂的安全问题，由于它的重要性要保证得到应有的重视。”国际核安全咨询组的这一表述措辞严谨，强调安全文化既是态度问题，又是体制问题，既和单位有关，又和个人有关，同时还牵涉在处理所有核安全问题时应该具有的正确理解能力和应该采取的正确行动。

英国健康安全委员会核设施安全咨询委员会（HSCASNI）对国际核安全咨询组的定义进行了修正，从广义文化理解的角度认为：“一个单位的安全文化是个人和集体的价值观、态度、能力和行为方式的综合产物，它决定于健康安全管理上的承诺、工作作风和精通程度。”应该说这两种定义已经把对安全文化的认识较为完整地表述出来了。

三、校园安全文化的概念

当人们把文化和安全文化的概念引入校园这一特定组织领域时，便形成了校园安全文化的说法。校园安全文化是“文化”范畴的一个方面，也是安全文化在大学校园中的一种特殊文化现象。

学校在校园安全管理实践中，经过长期积淀，不断总结完善形成由学校决策层倡导、为全体师生员工所认同的并与学校校园文化有机融合的安全价值观念、安全理念和行为准则。校园安全文化是师生员工对安全健康的意识、观念、态度、素养和能力等的综合。学生们在校园中学习、生活、成长，校园的安全人文环境因素将直接或间接地影响学生个体特征的形成和发展。“近朱者赤，近墨者黑”，校园安全文化对学生的影响是广泛的、潜移默化的。

在良好的校园安全文化的熏陶下，学生群体必将树立正确的安全价值观和安全伦理道德，获得较好的安全防范意识与安全知识，养成良好的安全行为习惯。当他们走向社会融入新的群体之后，必将会将良好的安全文化带入新的群体，影响他人，从而对提高全社会的安全文化水平有重要的现实意义。

从文化的结构层次来看，校园安全文化也可分为校园安全文化的精神、制度、物质三个层次，校园安全文化精神层是指高校的领导和师生员工共同信守的安全基本准则、信念、安全价值和标准等，是校园安全文化的核心和灵魂。校园安全文化精神层的形成是衡量一个学校是否形成了自己的安全文化的标志，如一个学校从领导到师生员工的安全理念、安全伦理道德，在思想上扎根并自觉按安全要求约束规范自己的行为，就可以说这个学校已形成了一定的安全文化。制度层是校园安全文化的中间层，主要是指对师生员工的安全行为产生规范性、约束性影响的部分，它主要规定了学校成员在共同的教学、管理、服务活动中所应遵循的安全行为准则。如校园安全责任制度、检查制度、教育制度等一系列管理制度和操作规程。物质层是校园安全文化的最表层部分，但同时也是校园安全文化的物质基础，是精神层（核心层）的载体，它所折射出的是校园的安全理念、思想、作风和意识。如安全设备、装置及防护器件、报警系统等。校园安全文化的精神层、制度层和物质层是互为表里、不可分割的整体，精神层是制度层和物质层的思想内涵，是校园安全文化的核心和灵魂；制度层制约和规范着物质层和精神层的建设，是校园安全文化的骨架。没有严格的规章制度，校园安全文化建设就无从谈起；物质层是校园安全文化的外在衍生物，是精神层和制度层的物质载体，它所表现的是校园安全文化的程度。

第二节 校园安全文化的内涵

从大学校园安全文化的形成来说，一方面应将校园的物理环境和硬件建设与大学生的安全意识、理念培养结合起来，构筑校园安全文化的物理环境；另一方面从校园文化的角度来建造校园安全文化的软环境。从对文化定义的理解，安全理念、安全知识和安全行为共同构成了校园安全文化的支撑体系。安全文化是无形的，但是支撑体系的三个方面的建设是有形的，具有很强的可操作性。同时，这三个方面的建设水平决定了校园安全文化的水平，如图 1-1 所示，它要求作为支撑的三个方面必须同时发展，只有这样安全文化这个平台才不会坍塌和倾斜，校园安全文化才能向积极方面发展。

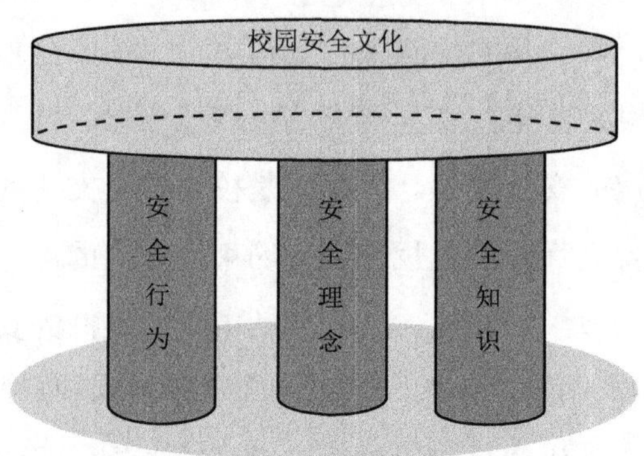

图 1-1　校园安全文化支撑体系

一、校园安全文化的核心价值理念

价值观是文化的核心，起着文化导向作用。不同的价值取向决定了文化的走向。安全理念指组织在自身安全哲学、宗旨、目标、精神作用等基础上，通过理性思维而形成的观念。校园安全文化的核心价值理念是一个整体性的概念，它以大学校园的安全价值观为基础，以校园的组织系统和物质资源为依托，以广大师生员工的群体意识和行为特点为表现，形成一所大学校园所特有的安全管理的思想作风和风格。安全理念的水平表现在所有师生员工对于安全有形的认知和渗透在校园管理方方面面无形的安全氛围。

不同的高校都可根据自身安全管理工作开展情况归纳提炼不同的校园安全文化的内涵、特色，汇集一体，融会贯通，运用富有宣传性的语言，描述学校安全形象，反映和呈现学校追求的安全价值观。北京交通大学校园安全文化在百年发展历史中体现出学校关注广大师生员工人身生命安全和心理健康的关爱文化，以及维护校园环境和谐稳定的平安文化。

高校校园安全理念的培养、形成和发展，直接影响校园安全管理工作的水平，关系着学校的生存和发展。建设校园安全文化就其本质来说，就是把核心的安全价值理念变成安全管理实践的过程，促进校园和谐稳定发展的过程。如何让安全理念从无形到有形，使之变成思想、渗进制度、融入环境、变成行为，进而落地生根，是高校校园安全文化建设工作的关键。

二、校园安全文化的知识基础

知识是文化的基础，有什么样的知识就可以在此基础上建设什么样的文化。曾经有一种说法“知识就被当作文化”，如高中文化水平。这里所谈到的是广义的安全知识，既包括狭义的安全知识，即安全技术、安全信息、安全生产经验、安全制度等以文字和符号形式存在的有形内容，也包括人们长期从事安全活动所具备的经验、技巧、体会等隐性的能力，即安全技能。广义的安全知识是安全管理过程中一切智力活动所创造的各种精神财富的总和。掌握安全知识的程度能充分反映出师生员工安全文化素养的水平。从大量的校园安全事故调查中发现，教师和学生安全知识缺乏是导致事故发生的一个重要原因。

校园作为人员密集的场所，与外界社会之间并未完全隔绝，学校必然对师生员工掌握安全文化知识有一定的要求。同时，高校是培育高素质人才的基地，学生在学校不仅仅要学习专业知识、专业技能，还要学会学习、学会生存、学会协作、学会竞争，提高自身综合素质，这样才能适应社会的需求。而安全知识、安全技能都是学生走上社会必须具备的。因此，高校校园安全管理工作要重视对师生员工安全知识的培育。通过校园安全文化建设，从安全知识这个角度加强师生的安全素养的培育，丰富安全知识，增长技术才能，从而真正保护自己和他人的安全与健康。

三、校园安全文化的行为约束

行为方式是文化的外在表现，“看一个组织的文化如何，通过观察组织成员的行为方式即可”。个人和群体的行为方式反映了文化。在一定的校园安全核心价值理念的指导下，学校对全体师生员工的言行和各项与安全相关的活动、工作都会受到约束限制。安全行为约束既包括对学校所有成员安全承诺的个体性约束，也包括学校安全规章制度的整体性约束，体现的是学校最大多数师生员工的安全理念和学校发展的长远利益要求。

良好的安全行为约束，必须建立在安全管理和安全技术措施基础之上，需要建立有效的校园安全管理体制，包括健全领导组织体系、责任评价体系（责任制、目标考核、奖惩办法和责任追究制度等）、规章制度体系（如涉及校园稳定、校园治安安全、校园消防安全、校园交通安全等管理规定和教育检查制度）和应急处置体系（突发事件应急预案、校园安全稳定预案）等。同时，要保障校园安全经费的投入，构建完美的安全防控体系。安全防控体系就是防范和控制体系的总和，其目的就是预防犯罪，预防大的案件和各类治安灾害事故的发生，通过人防、物防、技防“三位一体”的防控措施，确保高校财产和师生员工的人身安全，为学校营造一个安全和谐的育人环境。学校对于安全行为的约束在得到学校所有师生员工的认可和支持后，可以树立一种井然有序的校园安全形象，创造出有利于学校深化发展的内外部环境。

第三节　校园安全文化的特点与功能

校园安全文化既是安全文化在校园安全管理中的体现，又是校园文化的重要方面，与其他校园文化的子系统相统一。因此，校园安全文化的特点既体现了安全文化的基本特点和功能，同时还与校园安全管理实践相结合，具有鲜明的校园文化特色。

一、校园安全文化的特点

大学校园是由大学生这一特殊知识群体（他们在年龄、文化教育、经历、情趣、需要和价值取向等方面彼此相通，在心理上彼此沟通、相互接纳）在一定物理区域上形成的特定人工生态环境。大学生既是大学校园的主体，也是校园的接纳对象。这就决定了校园安全文化除了具有文化和安全文化的共性特征外，还具有区别于其他组织安全文化的独特性。

（一）校园安全文化的多元性

校园安全文化是以学生为主体，以保证师生员工安全为主要内容，以校园为主要空间，以校园精神为主要特征的一种群体文化。这一特定的文化群体思想活跃，极易形成多元个性价值观，与学校主流安全文化价值观并存于校园中，形成一种有着深刻内涵和丰富外延的独特的文化现象。这一特定校园安全文化特性也体现了各高校的风格和特色。

（二）校园安全文化的开放性

校园是一个特殊的社区，客观上师生员工不可能完全封闭其中。尽管在这里主要是老师实施教育和学生接受教育，与此同时校园还会受到外界社会的事件、人物，以及来自广播、电视、网络等媒体信息传播的影响，使得校园安全文化更具有动态开放性。

（三）校园安全文化的传承性

学生在大学校园中，学习成长多年，许多行为习惯、思考问题的方式会在这一重要时期形成。在校园的学习、生活中，学生除了受到老师的培训教育的影响，还会受到其他同学甚至外界的广泛影响。随着一届学生的毕业和一届新生的入校，良好的校园安全文化氛围既能够代代相传，还会持续在校园中对校园的安全管理工作发挥积极作用。

（四）校园安全文化的持久性

校园安全文化是根据社会的需求，按教育的目标设计和组织的，以一种高度的观念形态和因此而形成的约束力，对大学生的安全素质教育有指导性的作用。这种作用，既包括能动的理性因素，也包括被动的感性直觉因素，并以后者为主。校园安全文化的持久性，不仅表现在对人才培养的影响，还表现在培养出来的人才走向社会后的发展方向以及他们在各自的生活和工作中所融入的本质安全意识。

二、校园安全文化的凝聚作用

文化是形成凝聚力的黏合剂，文化具有丰富的精神内涵和强大的精神力量。从某种意义上讲，一个民族的兴衰，都可以在文化上找到根源，一个组织的成败，也可以从文化中找到症结。校园安全文化也不例外，所反映出的就是校园安全文化的伟大功能之一，就在于它可以凝聚人心、增强合力。

现代组织管理中的系统管理理论告诉人们，集体力量的大小取决于该组织的凝聚力，凝聚力又取决于组织内员工的向心力。组织的凝聚力、向心力不可能通过简单的制度、纪律等刚性约束产生。特别是对于大学校园中广大师生员工这样的特殊群体，如果学校对于他们的人身安全和身心健康都不能有效保障，那么是很难凝聚师生员工维护校园安全稳定、和谐发展的积极性的。在当今大力倡导科学发展观，落实到大学校园的安全管理方面就是要以师生员工为本，推动校园平安发展。学校可以通过努力建设

"关注安全""关爱生命""关注身心健康"等价值观的校园安全文化，为师生员工创造良好的校园安全环境和氛围，让他们都能深切地感受到学校关注其身心安全健康，可以大大增强师生员工对学校的信赖感和共同维护校园安全稳定的责任感，并将多元的安全价值观逐步向学校主流安全价值观统一，体现出一种强大的向心力。在学校内部，每个学院、每个部门（机构）之间能够相互协作，学校的安全文化理念深入人心，能够得到学校广大师生员工的一致认可，如黏合剂般将学校系统内各单位团结起来，共筑平安校园，促进学校安全管理工作进入一种良性的发展中。

三、校园安全文化的导向作用

校园安全文化作为学校内全体师生员工认同的价值观念和行为准则，必然会对每一位师生员工的一言一行起指导作用。校园安全文化提倡、崇尚的价值观，将潜移默化地使师生员工的注意力逐步转向学校所提倡、崇尚的内容，接受共同的价值观念，从而将个人的目标引导到校园安全的目标上来。同时，这种作用还将影响学校安全工作的决策和管理。成功的校园安全文化可以促使学校把安全工作导向积极的精神状态和健康的文化氛围。

维护校园安全是学校义不容辞的责任，每每发生校园安全事件都会在全社会引起广泛的关注。校园安全文化建设，使得学校对师生员工的身心安全、校园的平安稳定高度重视。建设安全文化的过程，就是校园师生员工安全价值观形成的过程，也是安全素质养成和提高的过程。众所周知，校园的安全管理工作在很大程度上取决于校园中每一位师生员工的安全素养。安全素养一旦形成，即当安全价值观念、伦理道德在师生员工的思想上扎根后，其安全意识和安全能力也会相应提高，师生员工就会积极主动地了解、掌握安全科技知识，就会自觉地按学校安全管理的要求去约束、规范自己的行为。在浓厚的校园安全文化氛围中，能有效地使学校每位师生员工不断地充实、提高和完善自己。目前，有的学校已经在努力地营造良好的安全文化氛围，师生员工的安全素养也在逐步强化提高，从不得不服从管理制度的被动执行状态，转变为主动自觉地按安全要求采取行动，逐步地从“要我安全”向“我要安全”，甚至是“我会安全”方向发展。

第二章　校园安全文化建设

近年来，高校不稳定因素增多，意外伤亡事故及其他各类安全事故也明显增加，校园安全工作面临严峻挑战。校园安全问题成为政府、社会和学校多方关注的焦点问题，如何加强校园安全文化建设也成为各方关注的重点。许多高校纷纷尝试在校园安全管理工作中探索校园安全文化建设的新模式，以期通过安全的培训、教育、宣传、设施建设等手段，积极营造浓厚的校园安全文化氛围，提升学校师生员工重视安全的意识。应该说，校园安全文化建设已成为现代校园安全管理的一种新策略，也是校园事故预防的重要基础工程。本章从校园安全文化的内涵结构视角出发，结合北京交通大学安全管理的实践工作，深入剖析校园安全文化建设的重要意义，以及北京交通大学在规范校园安全行为、树立校园安全理念和充实校园安全知识三个文化阶段的建设思路和具体工作举措。

第一节　校园安全文化建设的重要意义

为了顺应时代的变化，高校安全工作必须从传统的管理模式向推广安全系统工程为主要内容的科学管理模式转变，安全管理必须从事后处理的被动管理向以危险预测、控制与评估为重点的预防安全管理转变。作为校园文化的重要组成部分，校园安全文化建设的提出是对学校传统安全管理的升华，同时也对学校广大师生员工安全思维模式和行为习惯的形成、安全硬件设施的完善、安全规章制度的建立健全等具有重要的现实意义。

一、校园安全文化是北京交通大学知行文化的重要方面

北京交通大学自 1896 年建校至今已有 120 年历史，百年交大积淀了深厚的文化底蕴。其中，校训是北京交通大学办学理念、办学特色的集中体现，是对学校历史和文化的一种传承与浓缩，是学校的办学方向与目标的高度概括，集中体现了全校师生的意志和追求。“知行”这短短两个字的校训已传承近百年，也给北京交通大学的办学理念赋予了“崇尚学术，追求真理，知行统一，以知促行”“学理、应用并行注重”“知行合一，行胜于言”等丰富内涵。通过了解“知行”，可以直接触摸到北京交通大学最核心的灵魂与特质，而且“知行”也是北京交通大学校园文化的重要组成部分。在北京交通大学校园文化的内涵中，其核心内容就是“知行”文化，“知行”是对学校校园文化的凝练，能够真实地反映出学校的文化特色。

校园文化小知识

“知行”二字是北京交通大学 20 世纪 20 年代初使用的校训，2003 年学校恢复北京交通大学校名的同时也恢复了当年的校训。据有关校史资料记载，“知行”（to know and to do）校训最早见于 1923 年北京交通大学校徽、校旗和毕业生的纪念册上，图 2-1 是当时带有中英文校训的校徽和校旗式样。当时学校校名为北京交通大学，是原联合组建后又被分解的三所交通大学之一。

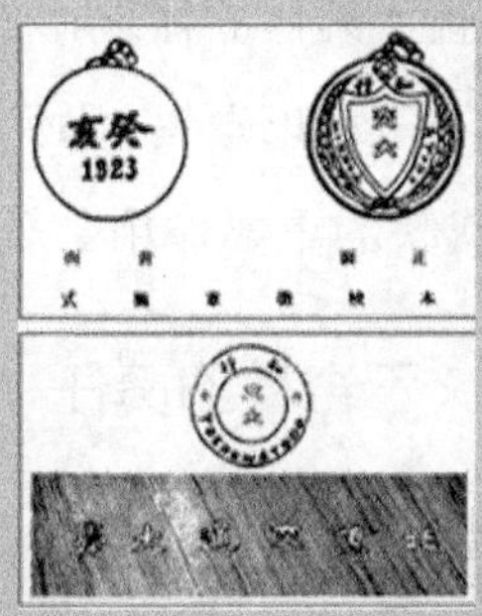

图 2-1　1923 年的校徽和校旗式样

校园安全文化是北京交通大学“知行”文化的重要方面。在谈到校园安全文化建设时，必然也离不开校园“知行”文化理念的指引。所谓“知”就是“意识到”“认识到”“认识清楚”的意思，还可以引申到校园安全知识的学习、培训、教育，以及安全技能提高等方面。“知”的过程还可以理解为校园安全风险的识别、辨识与评价，隐患、违章排查等具体的认识与认知过程，是做到“知行合一”和遵守安全道德的基础。所谓“行”就是“做”“作为”“行动”“执行”“落实”等意思，它是“知”的目的。从哲学角度理解“知行合一”，“行”还有反馈、修正、完善“知”的作用，这恰好和安全管理体系持续改进、循环上升的思想相吻合。校园安全文化建设的关键既需要广大师生员工对安全知识和风险隐患的“知”，也需要在维护校园平安稳定方面表现的“行”，两者互相统一且互相作用。在北京交通大学校园的许多场所，如教学楼、实验楼、学生宿舍、图书馆、食堂等，都可以看到用电安全、灭火器使用方法、火场逃生及其他安全提示等安全标识和安全提示，这些都是在给学校里的师生员工灌输安全知识、培养安全意识。同时，学校和各学院还定期开展相关安全知识技能的培训课程和安全监督检查等工作，规范师生员工的安全行为，促使大家能够在平时的学习、生活、工作中时刻注意安全问题。一旦发生危险或突发事件，能够有效地将这些知识能力转化为抵御灾害的有效措施。这些使北京交通大学“知行”文化的理念在校园安全文化中有了具体的体现，换句话说，校园安全文化是北京交通大学“知行”文化的拓展和延伸，为保护师生员工人身安全和维护校园和谐稳定发挥了不可或缺的重要作用。

二、营造校园安全氛围是学校义不容辞的责任

高校是整个社会体系的重要组成部分，在培养整个国家和民族的人才方面具有重要的作用，所以高校应当走在构建和谐社会的最前面。营造良好的校园安全氛围，为学校师生员工打造有利于身心健康发展的教育环境，既是构建和谐校园的必然要求，也是学校义不容辞的责任。

努力营造浓厚的校园安全氛围，培养和增强安全意识，对提高广大师生员工的安全防范意识，减少安全事故，实现平安校园具有重要意义。营造校园安全氛围可以通过宣传教育的方式进行，宣传教育的目的是提高学生的安全意识，增强自我保护意识和能力。另外，还可以开展各种安全月（日）的宣传教育活动。通过广播、电视、板报、图片、书法、漫画、宣传画、标语、文艺演出、安全知识竞赛、光盘、挂图展播等形式，形成安全氛围的重叠效应。使安全氛围由渗透型向参与互动型转变，增加互动的内容；使学生在参与过程中轻松愉快地掌握安全方面的知识，提高安全防范意识。只有营造一种良好的校园安全氛围，依靠安全氛围的熏陶，形成“人

人抓安全，人人讲安全，人人管安全”的局面，才能使校园成为有共同价值观的、有共同追求的、有凝聚力的集体，从而提高广大师生员工的整体安全素质。

营造良好的校园安全氛围，能够对所有处于这种环境中的人产生无形的影响，尤其是把“安全意识”作为一种意愿和群体意识与学校整体安全目标一致时，安全制度、周围人的安全意识和提醒随时指导和规范师生员工的一言一行，杜绝不安全行为的发生。全体师生员工在校园自觉遵守各种安全制度，注意杜绝事故苗头并积极防范事故，无疑是对校园安全最有效的保障。

三、重视校园安全文化体现了学校对广大师生员工的关爱

校园安全文化的内涵体现了对学校广大师生员工生命安全和心理健康的广泛关爱。重视校园安全文化不仅体现为学校对广大师生员工的知识、技能、意识、思想、观念、道德、伦理、情感等内在素质的关心，还体现为重视校园设施、安全装备、安全标志环境等外在因素和物态条件。

建设校园安全文化，就是要让每个师生员工都能在健康的心态支配下及安全化的环境中，高度自觉地按照安全制度规范自己的行为，使其行为既能有效保护自己和他人的安全与健康，又能确保教学活动和生活秩序的顺利进行。所以，校园安全文化建设必须重视对师生员工安全心态、安全制度、安全行为等方面的教育。要从安全思想、安全态度、安全责任、安全价值等多角度对他们进行安全文化渗透，唤醒他们对生命安全、身心健康的渴望与对学校财产和个人财产的责任意识，从而从根本上提高师生员工的校园安全认识，牢固树立“安全第一”的思想。同时也要运用各种手段对师生员工进行安全理论、安全技能、避险自救、生活安全、公共安全知识的教育，做到理论联系实际，切实提高安全意识和自我保护意识，增强自我保护能力，以最大限度地消除安全隐患、确保安全。

四、大学时光是培育学生安全意识的重要阶段

高校师生员工是高素质的文化群体，校园安全文化体系以人为本，以文化为载体，通过文化的渗透，培养师生员工的安全意识，提高他们的安全价值观并且规范其行为，从而构建安全文化体系。个体素质是安全文化氛围中最积极、最基本的因素。因此，提高师生员工的整体安全素质，对其安全观念、意识和态度方面的培养就显得尤为重要。

大学的学习阶段是将一个人转变为能够自立于社会、取得社会生活资格的过程，这也就是人的社会化过程。从心理学的角度来说，人的社会化过程要经历人的一生来完成。但大学阶段是一个人生理、智力发展的黄金时期。学生在校园中生活、成长，校园的安全人文环境因素将直接或间接影响学生个体特征的形成和发展，即所谓的“近朱者赤，近墨者黑”。学校的教育、校园安全文化的影响，是促进大学生社会化的关键。培育大学生的安全意识，能够将社会对安全的要求和安全对社会的影响通过各种方式作用于学生，促进学生学习与社会相适应的各种安全规范、安全知识、安全技能和安全生活方式，使学生在各方面得到协调发展，形成学生的综合安全能力。由此可见，广大学生在学校不仅仅要学习专业知识、专业技能，还要学会学习、学会生存、学会协作、学会竞争，提高自身的综合素质，才能适应社会的需求。而安全知识、安全技能，都是学生走上社会所必须具备的，甚至是影响其一生的能力。高校要加强对师生员工的安全教育，为学生提供正确的安全意识导向。

由于安全文化对人的影响是深层次的，不可能在短时间内产生明显的、根本的效果，因此，校园安全文化的建设过程实际也是长期精心培育师生员工安全意识的实践过程，要逐步使其安全观念、安全意识内化为安全素质。广大师生员工全方位参与到校园安全防范之中，开展群防群治，构建校园安全保障体系，以促进校园安全文化的良性发展。

第二节 规范校园安全行为

校园安全行为是指在校园安全文化的指导下，师生员工在生活和学习过程中所表现的由安全行为准则和思维方式所指导的行为模式。校园安全文化建设的初级阶段的着力点应聚焦到校园安全行为的规范上，更多地采用安全制度和技术手段来约束师生员工的不安全行为，经过一段时间后使安全行为逐步内化为习惯。

一、完善安全制度，规范校园安全管理工作

规范校园安全管理工作，必须以法律、法规为依据，以法治精神为指导，制定与法律对接、体系完备、可操作性强的校园安全制度。结合学校实际及校园周边环境专项整治的工作要求，建立健全和完善科学合理的安全制度，使得相关的校园安全管理工作有章可循，并在实际工作中依法办事、依章办事，狠抓落实，为校园的安全管理工作提供了充实的依据。

校园安全管理包括环境安全管理、设施安全管理、卫生安全管理、消防安全管理、治安安全管理、活动安全管理等内容。高校要借鉴企业安全文化建设的经验，并结合高校的实际，制定一整套详细的安全管理办法、安全考核指标和具体操作规程，保证学校校园安全制度的完备，保障校园安全管理工作的有序进行。建立健全校园安全组织领导机构和管理机构，配备专职管理人员；建立健全校园安全责任制，建立从各级地方政府、学校领导、职能部门到有关人员的安全责任制度；建立心理咨询机构，配备专职心理咨询教师；建立健全校园锅炉爆炸、食品中毒、火灾、外出游玩等可能发生群体事故的预防管理制度；严格执行锅炉工、厨师、电工等特殊工种的职业准入制度；建立健全校园各类事故隐患的监督检查制度；建

立健全校园安全隐患的排查制度；建立健全安全奖罚制度；建立健全校园安全事故的应急救援制度等。

特别是针对校园安全的薄弱环节和事故易发环节，要认真组织相关专家进行论证、评估；加强高校的实验室管理和规范，对危险物品、有毒物品和放射性物品的保管要重点管理；重视学生公寓的用水、用电安全和治安管理；关注学生食堂的食品卫生和公共设施的安全；规范涉及有可能诱发学生身体不安全因素的学生活动的审批和举办程序；限制学生参加高难度、高危险的活动；加强内部交通和出行的管理规范等；加强校园网络和计算机的监控。

除此之外，安全规章制度的制定要明确责任，强化各项安全管理职能和责任的落实，使预防为主的原则从严、从细落实到日常工作中，同时要严格执行责任追究制，深入推进校园安全管理工作的进行。

二、改造技术防范设施，巩固校园治安保障体系

安全技术防范是高校治安保障体系的重要组成部分，是维护校园安全与稳定的重要举措。如何将高校安全技术防范工作与科学技术结合起来，运用科学技术和手段维护校园公共安全，已成为新形势下高校校园治安保障工作的必然要求。

高校安全技术防范体系主要包括以下几大系统：监控指挥中心、视频监控系统、报警监控系统、门禁系统、电子巡查系统、火灾自动报警系统及校园网络信息安全防控系统。

监控指挥中心是校园安全技术防范体系的一个重要神经中枢，工作人员通过监控中心形成信息互通机制和联动机制的有机结合，具有校园监控、接警、出警、指挥、处置各类突发事件等功能。

在校园技防系统构建中，视频监控是应用最普遍的系统，其建设需求超过 50%。校园视频监控系统，通过前端设备可以把被监视场所的图像、

声音同时传送到监控中心，使被监控场所的情况一目了然，主要是掌握校园治安管理等方面动态实时的信息，或在发生事件后提供当时的图像证据资料查询。作为校园安全的防范监控，监控点主要分布在学校出入口、校区主要通道、重要场所（如实验室、计算机中心、财务处等）、围墙、各建筑物出入口等。

报警监控系统主要包括周界防盗报警和重要场所防盗报警，周界防盗报警主要防止违法人员翻越围墙进入校园作案，重要场所安装室内用被动红外探测器主要是防止不法分子入室盗窃。

门禁系统是校园技防建设中的重要组成部分，对于提高学校安全管理制度，保障学生及教职工的工作、学习、生活提供了极大的方便。门禁系统能将一部分不法分子拒之门外，减少校园安全事故的发生，维护高校的稳定和发展。

电子巡查系统是一种检查和记录保安人员是否按规定的时间和路线对所管辖的区域进行巡查的监督管理系统，是对保安人员进行监督管理的有效而科学的工具。电子巡查系统可以指定保安人员巡查校园各区域及重要部位的巡查路线，设置相应的巡查点。保安人员携带巡查记录机按照指定的路线和时间到达巡查点并进行记录，将记录信息传送到监控中心。该系统可以帮助校方领导或管理人员对保安人员和巡查工作记录进行有效的监督和管理，同时系统还可以对一定时期的线路巡查工作情况做详细记录，实现人防和技防的结合。

火灾自动报警系统是由触发装置、火灾报警装置、联动输出装置及具有其他辅助功能的装置组成的，它能在火灾初期，将燃烧产生的烟雾、热量、火焰等物理量，通过火灾探测器变成电信号，传输到火灾报警控制器，并同时显示出火灾发生的部位、时间等，使人们能够及时发现火灾，并及时采取有效措施扑灭初期火灾，最大限度地减少因火灾造成的生命和财产的损失，是人们同火灾做斗争的有力工具。

校园网络信息安全防控系统也可视为安全技术防范的范畴。它的建设越来越受到高校的重视。校园网络信息安全防控系统可以拦截、过滤计算机病毒，在阻挡外界对高校网络的侵袭、渗透方面有着不容忽视的作用。

高校治安保障工作是一项系统工程，也是必须长期坚持的工作机制，而科技防范又是其中的重中之重。技防建设对高校治安保障工作的加强意义重大。改善并建造技术防范设施，能够巩固校园治安保障体系，创造一个管理有序、防控有力、环境和谐、校风良好的安全文明校园。

第三节　树立校园安全理念

校园安全理念集中体现了全体师生员工对生命安全、心理健康等的最基本的道德规范和思想观念，既影响着学校安全管理工作的开展，也影响着师生员工日常的学习、工作和生活的方方面面。树立良好的校园安全理念，是学校安全文化建设的中级阶段，通过价值观的培育，能够让师生员工明白安全行为规范的缘由，加深对校园安全文化建设的理解和认识，进而由早期的“要我安全”逐步过渡到“我要安全”的阶段。

一、结合专业培养，树立职业本质安全理念

大学校园生活是学生世界观、人生观和价值观形成和发展的重要阶段。高校应充分利用学生专业培养的有利时机，通过各种载体引导学生思想上重视安全、行为上遵守安全规范，特别是结合专业培养，将安全理念融入人才培养中。

高校专业培养的重要载体就是课堂，可以把安全素质教育课纳入人才培养方案或教学计划中，将安全教育作为一门必修课，保证足够的教学时数，配备专（兼）职教师。这样，学生在学习专业知识的同时，也掌握了安全工程、安全管理、安全行为、安全心理认知等相关基础理论知识和规

律。另外，要求学生掌握与职业相关的安全知识，如消防安全知识、职业病防治知识、电气安全知识、机械安全知识、特殊环境条件下的安全知识等，培养学生的职业安全意识和责任意识，从而在与本专业知识结合完成工程设计、工程研究时，会受到所学安全知识的影响。这种影响是潜移默化的安全理念的转变，这种影响也是持久的，当学生走出校门步入社会，在工作岗位中也会受益终生。这就是所谓的“职业本质安全化”。

在高校中结合专业培养，通过各种载体，用本质安全理念引导大学生形成重视安全的习惯。校园安全教育应该走进课堂，编写专门的校园安全教材或手册，让学生学会自我控制，掌握应急知识。例如，遇到火灾首先应该熟悉环境，沉着冷静，辨明逃生方向；其次要小心烟雾毒气，防止引火烧身；然后寻求外援帮助等。

除了课堂教育外，高校还可以充分利用各种教育载体和形式对学生职业安全理念进行培育，例如，通过加大宣传教育力度，运用视频、展览、版画、宣传板等载体，传递安全知识，深化教育效果，使安全理念内化为大学生的一种内在需求，变“要我安全”为“我要安全”，形成和改变他们对安全的认识观念和对安全活动的态度，使他们的行为更加符合社会生活和工作的安全规范要求；开设相关的安全实验体验课程；在本科毕业设计（论文）环节，增加安全环节的设计内容等。

应该说，学校对学生加强安全方面的专业培养，就是要唤醒他们对生命安全、身心健康的渴望。一方面从根本上提高学生的安全理念，牢固树立“安全第一”的思想；另一方面希望学生毕业后能将本质安全理念带入以后的工作中，从安全思想、安全态度、安全责任、安全价值等多角度对各行各业进行安全理念的渗透，培育长远的职业本质安全理念。

二、改善校园环境，营造校园安全文化氛围

要营造良好的校园安全文化氛围，离不开校园环境的影响。校园环境

既指校园里的房屋建筑、花草树木及其他基础设施等校园自然（物质）环境；又包括学校风气、师生的精神风貌、师生之间的人际关系及校园的文化氛围等校园的人文（精神）环境。

在校园环境的建设中，首先，要对校园内的交通、就餐、居住、学习、商业及周边等所组成的校园公共安全环境进行建设，着重在校园文化标识、环境卫生、语言环境、生活环境、教育环境、社会环境上，为师生员工创造出和谐、平安的人居环境、工作环境与学习环境。其次，还要充分考虑构建和谐的校园安全文化氛围，促进学生内在心理的变化，形成健康向上的安全文化意识。营造和谐的校园安全文化氛围就是要加强安全管理、提倡安全教育、开展安全活动、宣传安全知识，既要依靠必要的物质基础和监督管理，更要依赖于坚持不断地加大校园治安综合治理工作力度，努力创造宁静、安全、文明的教学和生活环境，同时不断提高师生员工的安全文化素质，强化全体师生员工“关注安全、关爱生命”的意识。通过改善校园环境，创造良好的安全文化氛围和生产中协调的人机环境关系，对师生员工的观念、意识、态度、行为等形成从无形到有形的影响，从而对师生员工的不安全行为产生控制，以达到减少人为事故的效果。

改善校园环境是校园安全文化建设的重要内容，只有积极加强校园环境的建设，才能营造出良好的校园安全文化氛围，为师生员工提供安全舒适的工作、学习和生活条件。

第四节　充实校园安全知识

充实校园安全知识，从广义的角度理解，既包括对学生进行人身安全、财产安全、防火安全、生活安全和交通安全等有形安全知识的灌输，也包括培养学生在这些领域一旦面临危险境地时能有效逃生、自救、疏散、防灾的无形能力。充实各种校园安全知识，是学校安全文化建设的高级阶段，通过安全知识的学习，可以不断提升广大师生员工安全防范和应对的能力，激发大家积极面对各类灾害、突发事件、事故的主观能动性，逐步由的“要我安全”“我要安全”阶段上升到“我会安全”的高级阶段。

一、开展应急演练，提高师生员工的风险防范意识

应急演练是检验、提高和评价师生员工风险防范意识的一个重要手段。校园应急演练主要是指学校各学院、各级部门、团体等组织相关学生和教职工，依据国家和学校有关的应急预案，模拟应对突发事件的活动。积极开展校园安全应急演练活动，是提高广大师生员工处置突发公共事件能力的有效手段，是提高全体师生安全意识和防范技能、最大限度地减少遭受事故伤害的有效平台。

从学校管理的角度看，应急演练是检验学校应急预案、完善应急准备、锻炼学校应急队伍、磨合应急机制及开展科普宣传教育的主要手段，是各类高校提高应急准备能力的重要环节；从广大师生员工的角度看，应急演练的实质是一种特殊形式的培训，是一种体验式的学习过程。开展应急演练，通过模拟真实事件及应急处置过程能给学校师生员工留下更加深刻的印象，直观、感性地真正认识突发事件，提高对突发事件风险源的警惕性，能促使师生员工在没有发生突发事件时，提高风险防范意识，主动学习应急知识，掌握应急知识和处置技能，提高自救、互救能力，保障生命财产安全。

在应急演练的过程中，通过接近真实地亲身体验突发事件，可以提高师生员工应对突发事件的分析研判、决策指挥和组织协调能力；可以帮助应急管理人员和各类救援人员熟悉突发事件情景，提高应急熟练程度和实战技能，改善各应急组织机构、人员之间的交流沟通、协调合作；可以让师生员工学会在突发事件中保持良好的心理状态，减少恐惧感，配合学校共同应对突发事件，从而有助于提高整个学校的应急反应能力。同时，要

求师生员工及时地做好演练评估总结工作，通过系统的全过程、全方位的评估总结，发现并解决所存在的各种问题，将演练过程中的感性认识提升转化为理性认识，进而转化为学校预期的应急能力。

二、加强心理指引，强化心理危机干预

当今高校师生的身体素质令人担忧，心理健康问题也层出不穷。社会竞争激烈、学习和就业压力增大，加上身心疾病、感情波折和经济困难等因素，使得大学生心理危机时有发生，沮丧、焦虑、抑郁、狂躁等症状普遍存在，严重者甚至出现自杀和违法犯罪等恶性事件。高校教师也面临着工作和生活的各种压力，直接影响其身心健康。在高校中，学校应该加强对师生的心理引导，树立危机预警理念，构建完善的心理危机干预机制，强化对师生的心理危机干预。

结合高校师生这一特定社会群体的特点，需要采用不同的心理健康的指导手段和载体。对学生的心理健康教育应借助心理健康教育课，将心理健康教育课程作为一门必修课，用正面案例引导，用反面案例警示。另外，要求全体师生都必须参加心理健康知识的学习并考试合格，这样迫使学生和教师都学习一些心理健康常识，意识到心理健康的重要性，从而培养其自我管理、自我控制、自我激励、自我发展和自我认知的能力，学会一些自我心理调适的方法，及时消除负面情绪的影响，这对师生培养良好的个性，适应复杂的社会环境和缓解生活、学习、工作压力具有不可估量的作用。此外，还应该形成心理健康继续教育机制，保证心理健康教育的效力具有持久性。同时，开展心理健康教育活动，加强心理卫生知识宣传教育工作，建立师生心理健康教育辅导、监控体系，及时发现、早期干预、有效控制师生的心理健康问题。通过对教师的心理健康教育和心理疏导工作，可以帮助教师疏解工作压力，引导教师树立正确的教育理念，以积极的工作心态教书育人。

在心理健康危机预警及干预机制的建立方面，学校应树立危机预警理念，构建完善的心理健康危机预警及干预机制。建立师生心理健康危机预警机制，就是要建立师生个体、班级心理委员、辅导员老师、家长、心理咨询专家共同构成的心理健康预警信息网络，定期对全体师生进行心理健康测量，以期及时获得师生心理状况的信息。然后根据所获取的心理健康信息进行预警分析与评估，确定预警对象，对预警对象进行及时有效的心理干预，做到早发现、早干预、早解决，尽可能把他们的心理健康危机消除在萌芽状态中。同时，学校要培训专门人员建立专业的危机干预人员队伍，确立科学的应对措施和方法。目前很多高等学校都已经成立了心理健康咨询中心。在条件允许的情况下，学校一定要配备专业的心理健康咨询教师，或者将现有的相关专业的教师送到专业院校进行心理学知识的系统学习、培训，这样才能解决在实际工作中遇到的心理健康问题。除了专业教师之外，学院心理健康咨询教师的责任心也很重要，因为师生心理健康问题除了在正常上班时间发生外，更有可能是在八小时以外的时间发生，这就要求心理健康咨询教师有着高度的责任心。专业性和责任心是心理健康咨询教师发挥其作用的必备要求。最后，学校还要充分重视对经历过心理健康危机干预师生的跟踪调查和后续教育，及时总结经验教训，强化身心健康危机干预效果。

高校师生的心理引导和危机干预是一项长期的工作。持之以恒，将会对师生身心的健康发展起着积极的促进作用，对社会的发展与稳定也具有重要的意义。

第二篇

校园安全文化建设实践篇

第三章　校园安全文化发展历程

校园安全文化作为校园文化的重要组成部分，其形成和发展离不开校园文化长期历史的积淀，也是随着校园安全管理各项工作的开展而不断深化和丰富的过程。北京交通大学也不例外，从19世纪建校初，经过百余年风雨的洗礼和发展，积淀出了具有悠久历史底蕴的交大校园文化。伴随着校园治安保卫工作机构的建立，到后续后勤安全保障、校园文化建设、师生心理健康教育等各项校园安全工作的逐步开展，校园安全文化已自然而然地在其间悄然形成。结合这百余年的校园安全工作的发展，北京交通大学已经历了校园安全管理的初创建设阶段、综合治理阶段和安全保障阶段三个重要发展阶段，校园安全管理的发展历程也就是校园安全文化建设工作逐步积累的过程。经过百余年的发展，北京交通大学校园安全文化逐渐形成一个完整的体系。本章将沿着北京交通大学校园安全管理工作的发展历史，系统梳理校园安全管理工作和校园安全文化的发展特点。

第一节　初创建设阶段

校园治安保卫工作是校园安全管理工作的基础，北京交通大学建校之初就注重校园治安保卫工作，在 20 世纪二三十年代就雇用校警守门及巡逻。抗日战争时期内迁到贵州平越后，由于地处偏远山城几次出现安全问题，又雇用校警维持治安。校园治安保卫工作开始正式登上历史舞台，是从 1947 年 11 月中共北平铁道管理学院支部委员会成立开始的。自此以后，北京交通大学校园安全文化发展进入初创建设阶段，不论是制度上、政策上或是思想上、行动上，北京交通大学的校园治安保卫工作逐渐形成体系，保障着校园安全，也为之后校园安全文化的发展夯实了基础。

一、组织机构建立

中共北平铁道管理学院支部委员会成立之初并未设保卫委员。北平和平解放前夕的护校工作，由学生及校工组织起来，巡逻值班防止破坏，保证了当时学校的安全。北平和平解放初期，保卫工作先后由学生党员王修义、茅广祯负责。此后，北京交通大学校园治安保卫工作的发展从制度上和体制上都得到了不断完善。

在管理部门制度发展方面，新中国成立之后，北京交通大学校卫队 1949 年成立，主要任务是负责门卫管理、巡逻及校园治安，维持秩序。1953 年，学校在人事室内配备了专职保卫干部董钧和、孙世贤、孙桂英，在党组织领导下，在市公安局业务指导下负责全校的保卫工作；1959 年 9 月在院长办公室内设立保卫科，下设校卫组，行政受院长领导，党内由一位党委副书记主管。1983 年 6 月成立保卫处，下设保卫科和治安科，三年后增设校卫队，科级建制。同年为加强学校治安管理，全处干部职工统一着装，佩戴校警治安标志上岗执勤。1992 年，校党委第 19 次常委会议决定保卫处、武装部（保卫工作受党、政双重领导，党内称保卫部）合署办公，一套班子，两块牌子。1993 年武装部与保卫处分开，武装部与学生工作处（部）合署办公。在体制发展方面，1992 年学校进行管理体制改革，保卫处根据改革精神，调整了机构，精简并分流了人员，对科室负责人实行竞争聘任上岗，对一般职工实行优化组合和分流，各岗位明确职责任务，严格考核，奖惩分明，打破了“铁饭碗”，调动了职工积极性，提高了工作效率。

二、治安保卫工作

为把学校建成国内一流、国际知名的重点大学，并根据文明校园建设的要求，北京交通大学在 1991 年先后建立、健全了有关安全防范、治安综合治理、打击与查处、交通、消防、暂住人口、重点部位及公共场所管理等规章制度、管理办法、责任制及各种奖惩制度等近 20 个，使治安保卫工作逐步走上法制化、规范化、制度化的轨道，做到依法管理和科学管理，更好地履行其职责。

改革开放以来，学校治安保卫工作成绩显著，先后受到上级有关部门的多次表彰和奖励，曾连续 7 年被北京市公安机关评为先进保卫科。20 世纪 80 年代以后，学校多年被评为北京市和海淀区消防工作先进单位、北下关街道社会治安综合治理工作先进单位，保卫处连续 6 年被北京市公安机关评为先进保卫组织或给予集体嘉奖等。近几年，在北京市文明校园建设检查验收和复查工作中，治安保卫工作均以优异成绩通过，为学校争得了荣誉。

1909 年到 1997 年，北京交通大学经历了将近一个世纪的发展，这是学校校园安全文化发展的初创阶段。这一时期，校园治安保卫工作从无到有，一步步开始成长起来，在为全校师生提供安全稳定的学习和生活环境的同时，也为之后校园安全管理工作的开展奠定了基础。

部分获奖明细

1998 年

保卫处荣获北京市先进治保会称号

1999 年

北京交通大学荣获北京高校国家安全工作先进集体称号

北京交通大学荣获北京市公安局十四处治保工作先进单位称号

北京交通大学荣获海淀区消防工作先进单位称号

北京交通大学荣获北下关街道社会治安综合治理工作先进单位称号

第二节　综合治理阶段

20 世纪末，学校将校园治安保卫工作正式提上日程以后，校园治安环境得到明显改善。随着师生需求的不断扩大，校园安全管理工作在传统治安管理的基础上开始逐步重视安全文化的建设和发展。在此期间，北京交通大学校园安全文化建设取得了许多阶段性成果，学生心理健康也开始得到学校重视。

一、综合治理工作

21 世纪初，北京交通大学学校规模不断扩大，这一时期，北京交通大学迎来了庆祝北京申奥成功、105 周年校庆、建党 80 周年纪念等大型活动，学校在不断举办各种活动的同时，校园安全工作也取得了丰硕的成果。“非典”期间，学校基本生活设施得到迅速改善，师生生活得到了保障，学校后勤服务完成了制度化、体系化和规范化建设，校园综合治理工作取得明显成效。

（一）校园安全面临严峻挑战

世纪之交的 2000 年、2001 年，北京电力高等专科学校与我校合并，保卫工作一校两区。扩大招生规模、新建改建校舍工程、后勤服务社会化；庆祝北京申奥成功、建党 80 周年纪念、举办第 21 届世界大学生运动会、校庆 105 周年、首都大学生“双选”会等活动接连不断，校园内有组织的大型庆祝活动增多、“法轮功”破坏活动时而加剧等，学校安全保卫任务繁重，北京交通大学校园安全管理工作开始面临艰巨的挑战，为此，学校各部门不畏挑战，及时制定安全管理措施，从治安、消防、交通等方面着手，不断探索和创新，保证校园安全、稳定。

治安方面，2001 年调整了学校社会治安综合治理委员会、学校安全工作委员会的组成人员，下设两委的三个办公室：综治办、安委防火办、安委交通办。随后学校组建了外来人口管理站、人防工作领导小组等；加强校园公用房舍的管理，巩固违章租房整顿工作的成果，继续改善育人环境；学生日常进出的教学实验室也成为安全隐患排除的重点区域，完善教学所用化学药品、试剂、有毒物品的存放环境管理、领用的制度等。

消防方面，学校坚持“预防为主、防消结合”的方针，加强基础建设，宣传法规，提高全民防火意识。加大经费投入，更新和检修灭火器、水源设施，注重环境保护，强化业余消防队伍、安全员的培训、演练等。

交通安全方面，为适应北京国际大都市的交通管理法规的变化与发展，世界大学生运动会期间，校园部分大门、道路实施交通管制。世纪末狂欢夜、申奥成功庆祝活动期间为安全乘车保驾，为“畅通工程”做宣传，组织师生积极参加维护文明乘车秩序等公益活动。此外，学校校园重修道路，铺彩砖，铺沥青，修补、新设置交通标志牌，建设规范停车场等都取得一定成果。

在校党委和广大师生员工的关心和支持下，校保卫处连续六年受到北京市公安局、海淀区政府、北下关街道办事处等上级主管部门的嘉奖或表彰。

（二）校园安全接受“非典”考验

2003 年当学校发生“非典”疫情后，校医院领导连夜召开紧急会议，对现有医务人员和班次做了大幅度调整，设立了独立的发热门诊，组建两组抗击“非典”一线医护梯队，成立了“非典”疫情报告信息组，后勤物质保障组等，校医院制定了一系列预案、办法、条例、流程，精心组织和协调各部门工作，为学校筑起了一道抗击“非典”的坚固防线。“非典”的到来扰乱了学校安全管理工作的开展，对各方面工作制造难题，尤其是学生生活方面，但各部门人员仍坚守岗位，校园安全在“非典”中接受考验。

1. 抗击“非典”重宣传

面对 2003 年初春复杂而险恶的疫情，在校党委的领导下，宣传部门切实担负起沟通信息、引导舆论、鼓舞士气的重要职责，为学校打好抗击“非典”的宣传思想战役，维护学校稳定做出了应有的贡献。校电视台、校报、校广播站、校园网站等媒体做到了统一指挥、统一行动、统一口径，准确、及时、快速地向在校师生报道学校疫情，宣传师生中抗击“非典”的感人事迹。新闻中心领导实名登录红果园 BBS，充分利用网络快捷、互动、影响面宽、时效性强的独特优势，尝试探索了在突发事件中通过网络进行舆情引导的新方式，赢得了学校师生和社会的信任与赞誉；同时本着“真诚、真实”的原则，以“自信、开放、宽容”的姿态，学校主动联系凤凰卫视等媒体，接待境内外媒体的采访，将北京交通大学校园疫情的准确消息、学校积极有效的应对措施及师生和衷共济抗“非典”的真实画面展示给世人，赢得了外界对北京交通大学广泛的认同和肯定。

2. 生活条件有保障

“非典”期间，学校提出了“思想不能乱、工作不断线、主要任务干、目标要实现、各级保安全、准备上前线”的战时工作方针。学校根据工作部署，承接了TMIS隔离区管理、保洁与值班工作，坚持战斗在抗击“非典”第一线。后勤集团经过实际调查、摸底，掌握了房屋使用情况，完成了全校范围内承租房的登记造册，外来人口填报临时登记卡片工作，制定了外来人员房屋管理办法，整治各类项目20个，清退非法外来人口100多人。清理房屋和清退外来人口与非典工作紧密结合，清理规范出租房684平方米，拆除52区等处房屋1 100平方米。在学校党委的统一领导下，图书馆也一手抓抗击“非典”，一手抓各项工作。

3. 综合治理有秩序

校园治安综合治理方面，“非典”期间，保卫处与后勤集团对全校临时工进行了摸底、清理、整顿工作，解决了临时工在校园区居住，乃至做饭等具体问题。保卫处在处置校内突发事件，解决纠纷，化解矛盾方面做了大量工作。校领导对学校的防火安全工作进行了专项检查，学校安委会防火办公室也多次对全校进行拉网式检查。

（三）后勤服务质量全面提升

“非典”后的两年是北京交通大学后勤服务实现质的飞跃时期，后勤集团根据学校的发展战略，结合后勤社会化改革的实际情况，调整了后勤集团的定位，将服务于创建一流研究型大学作为工作的目标，将社会效益优先定为工作原则，突出“师生为本、服务第一”的工作方针。把师生关注的热点、难点、焦点问题，作为后勤工作的重点，积极全面发挥后勤的保障功能。

1. 更加注重工作计划制订

2004 年后勤集团开展“后勤安全年”活动，成立了安全工作领导小组，党委书记亲自抓安全工作。建立完善了安全工作和安全检查制度，并使安全制度“上墙”。例如，学生餐厅墙上悬挂“消防疏散图”“疑似食物中毒紧急处理预案”“防火应急预案”“餐厅服务监督、投诉流程”“饮食中心防火、防盗、防投毒制度”“食品加工卫生制度”“个人卫生制度”等展板，学生宿舍墙上悬挂“突发事件流程图”“火灾预案流程图”“消防疏散图”及“学生宿舍十不准”等展板，向广大师生员工宣传安全知识，促使其提高安全意识。

2. 更加注重生活设施完善

2004 年暑假，饮食服务中心对学生一餐厅、学生二餐厅、东快餐厅、西快餐厅和清真餐厅进行了大范围的维修改造，改造后的学生餐厅总面积达 11 326.8 平方米，就餐面积达 5 945 平方米。从餐厅的分布和格局上也做了相应的调整，改造装修后的风格更加人性化，考虑到了民族特色，同时对所有的售饭台安装了具有保温功能的电加热装置。

3. 更加注重员工素质提升

随着后勤社会化改革进程的发展，后勤集团在提高服务质量的同时，加强培训工作，开展形式多样的培训活动。其中，饮食服务中心陆续聘请了安全、卫生、治安、消防、管理等方面的校内外有关专家做了 12 个专题讲座。对中心 400 多名干部员工进行了一次系统培训。幼儿教育中心组织 20 余名教师到海淀区教师进修学校学习，选派骨干教师到立新幼儿园观摩教育教学，全园教师教学观摩 48 人次。家属区物业管理中心所有电梯司机持证上岗。后勤集团安全培训现场如图 3-1 所示。

4. 更加注重监督反馈机制

2004 年 3 月，在学生处、校团委和学生会的大力支持下，北京交通大学学生伙食监管会在校中心报告厅正式成立，成员全部是来自各个学院的

图 3-1 后勤集团安全培训现场

学生代表，他们在各学生餐厅设立监督岗位，反映用餐者的意见建议。此外，后勤集团十分重视与学生的交流沟通，多次召开学生座谈会，听取学生的意见和建议，还组织学生代表考察食品原材料加工基地，让他们更好地了解饮食服务中心各食堂食品原料来源及食品的生产加工、制作流程，卫生情况等，消除了他们对我校食品安全的顾虑，使他们对学校饭菜的卫生质量更加放心。

5. 更加注重组织机构建设

组织机构建设方面，后勤集团在学校团委的大力支持下，成立了务工人员团总支，饮食服务中心成立了团支部，共有团员 90 余人，成功组织团员参加了后勤集团运动会等活动，丰富了务工人员的政治生活和文化生活；此外，集团制定了新的务工人员管理办法和务工人员宿舍管理办法，建立了务工人员动态管理数据库，从招聘、管理和解聘统一要求。一方面对务工人员精简队伍、严格要求；另一方面，加强关心，提高队伍质量，为近 400 名务工人员上了保险。

（四）校园综合治理凸显成效

在校园综合治理阶段之初，北京交通大学校园综合治理重点集中于在每年的中央政治敏感期间，做好预案，警惕内容反动的小字报张贴扩散，制止校际间的学生串联，遏制小商小贩兜售盗版光盘，打击偷盗行为，严守校门、加强巡逻、增加夜查等。

交通管理方面，2005 年学校采取发放交通安全知识试卷，请海淀交通支队交警分别为 3 700 余名机电学院学生、学生治安会骨干、远程与继续教育学院的司机宣讲交通法规等形式，为师生进行交通法规宣传教育活动。落实市教工委、教委学生安全教育“三进”要求，在学生集中军训基地邀请交管局工作人员、公安局干警到基地为军训学生宣讲安全知识。治安方面，经过努力，2005 年校内刑事和治安案件发案情况有了较大的改善，刑事案件 57 起，与 2004 年相比下降 49.1%；治安案件 97 起，比 2004 年下降 10%。校园消防方面，认真贯彻“预防为主，防消结合”的方针，从宣传教育入手，通过发放防火知识传单，在校内利用闭路电视播放灭火常识，在课堂上播放防、灭火与自救知识宣传片，编印防火知识试卷等形式，对学生进行消防安全教育。

此外，校园安全治理加大科技投入，校园监控中心与 110 报警求助中心合二为一，充分发挥了两个中心的协同作用，利用监控系统协助破案多起，初步显示了科技创安的威力，校园综合治理开始凸显成效。

二、校园文化建设

高校校园文化作为一种环境教育力量，对学生的健康成长有着巨大的影响。校园文化建设的终极目标在于创设一种氛围，以期陶冶学生情操，构建学生健康人格，全面提高学生素质。1998 年以后，北京交通大学的校园文化建设步入正轨，学校通过举办集体活动丰富了学生的课余生活，师生系列活动的展开拉近了师生的距离，凸显了北京交通大学的知行文化。

（一）集体活动丰富多彩

校园文化的载体主要是各种各样的集体活动，学校适度地开展一些丰富多彩的课外活动，逐步使学生文化素质教育“活动开展经常化、活动管理制度化、活动内容系列化”，还组建了学生艺术教育中心，落实了艺术教育的组织机构、师资队伍、课程安排。另外，加强学生艺术团的思想教育工作，强化对训练、演出活动的管理，使学生艺术团继续保持较高的水平，学生艺术团在参加教育部主办的首届全国大学生艺术节中取得优异的成绩。北京交通大学在巩固传统优势活动的基础上，抓住学校大幅度增加学生科技活动经费的机遇，重点在学生科技创新活动开展的质与量的两方面取得较大进展。

（二）加强师生密切联系

北京交通大学开展以“实践知行校训，弘扬交大精神”为主题的树形象工程建设，注重载体建设，推进师生互动，坚持以典型引路，利用“五四”青年节、“七一”建党节、教师节等重要节日，通过校报、校电视台、校园网站，采取专访、开设专栏等方式，对优秀学生、先进班集体、优秀教师和优秀共产党员的先进事迹做了很大力度的宣传报道，进一步弘扬了北京交通大学精神，展现了师生风采。以迎接学校第九次党代会、高质量提前完成

"十五"任务为契机，坚持贴近实际、贴近生活、贴近师生，整合校报、校电视台、校园网站、校广播站等媒体资源，开辟"跨越"专题，回顾发展历程，总结实践经验，描绘宏伟蓝图。

三、学生心理健康咨询

在学生心理健康咨询方面，北京交通大学加强协作、拓展内容，努力促进学生心理健康成长。认真学习和领会中央16号文件及相关配套文件精神，出台了适合学校学生特点和工作特色的《北京交通大学关于进一步加强和改进大学生心理健康教育的实施方案》，具体体现在以下几个方面。

（一）学生心理健康开始受重视

在2003年抗击"非典"工作中，北京交通大学加强学生心理健康教育方面的工作初次在全校大规模展开，校领导走访学生生活区，关心学生在"非典"到来时的心理状况，及时疏导，为学生排除万难，体现了学校人文主义精神，这也是北京交通大学学生心理健康咨询工作首次面向学生展开。随着校园安全综合治理工作的顺利展开，全校安全文化氛围逐渐浓厚起来，各学院也开始关注学生的心理健康咨询工作。电子信息工程学院开始着重加强学生心理挫折教育工作，计算机与信息技术学院多渠道开展研究生心理健康教育工作。

（二）心理健康教育正式开展

至2005年，北京交通大学已新开"心理卫生学""心理素质培养与训练"等心理健康教育课程，共5门理论课，2门实践课，实际学时共计656小时。2005年，学校学生心理素质教育中心延长心理咨询时间，共完成面询服务408个单元，共1 224小时，接待师生及家长咨询926人次；增加心理健康专题讲座次数，举办面向全校学生的公开性专题讲座 20 场；广泛开展心理健康文化建设活动，以实践促进学生心身健康发展；举办北京交通大学“第一届大学生心理健康文化活动月”活动；出版了 8 期心理科普报《心路》；放映了 6 部心理科普影片。

（三）心理健康咨询服务质量逐步提升

北京交通大学在提高心理健康咨询工作服务质量方面也做出了努力，积极做好学生的心理健康教育与服务工作，邀请北医六院、北师大等单位的心理咨询专家来学校开展咨询活动，对校内兼职咨询员进行专业心理健康咨询培训。

（四）精神文化活动逐渐兴起

配合 110 周年校庆工作，学校组织校园文化景点解读的起草工作，大力支持并参与《京色交大》的编写出版；为进一步优化校园环境，浓厚学术氛围，出台了《北京交通大学校园悬挂横幅的管理规定》；及时进行“五四”“一二・九”系列校园精品文化活动的宣传报道；起草制订加强和改进校园文化建设和网络管理的实施方案，从制度上进行规范。此外，开展心理健康文化建设活动，以实践促进心身健康发展。开展心理健康文化教育及实践活动，主要包括：举办“第二届大学生心理健康文化活动月”活动、“世界精神卫生日”宣传活动；每月编写出版一期心理科普报《心路》；举办“朋辈交流与心理成长”小组活动；放映心理科普影片。

在校园安全文化的综合治理阶段，学校安全管理工作开始转向以学生为主体，重视学生的学习、生活和心理状态的保障工作。后勤服务工作的完善、校园精神文化活动的开展都极大地保障和推进了校园安全文化的发展。在校园文化建设中，学生既是校园文化建设的主力军，又是行为主体，是校园文化的参与者和组织者。丰富多彩的校园文化既可培养学生的兴趣特长及创造能力，提高学生的动手能力，让他们掌握多种技能，树立热爱劳动的观念，还可以磨炼学生意志，提高学生组织管理能力，为以后走向社会奠定坚实的基础。要使学校安全管理工作行之有效，除正面教育、积极灌输外，还必须充分挖掘和利用校园文化的潜移默化作用，高度重视校园文化建设。校园文化对学生的影响虽不是立竿见影的，但却是稳定渐进的，要相信，多彩的校园文化必然会结出优秀人才的硕果。

部分集体获奖明细

2000 年

北京交通大学荣获海淀区消防工作先进集体称号和北京高校国家安全工作先进集体称号

2003 年

保卫处荣立北京市公安局集体三等功

北京交通大学荣获北京高校国家安全工作先进集体称号

北京交通大学荣获海淀区交通安全先进单位称号

2004 年

北京交通大学荣获北京高校国家安全工作先进集体称号

北京交通大学荣获海淀区交通安全先进单位称号

2005 年

北京交通大学荣立北京市国家安全局颁发的高校国家安全工作集体三等功

北京交通大学荣获北京市公安局集体嘉奖

土木建筑工程学院学生治保会荣获北京市先进治保会称号

北京交通大学荣获海淀区交通安全先进单位称号

第三节　安全保障阶段

2006 年以后，北京交通大学校园安全文化建设工作已经进入正轨，校园治安、交通、后勤服务等开始日渐制度化、规范化、体系化，校园安全建设工作已自成体系，校园安全工作重点开始转向新领域，依靠更完备的设施、更科学的方法来为北京交通大学的校园安全文化建设提供更有力的保障。

一、安全保障工作

在任何阶段，校园基本安全保障工作都是校园管理的重点工作之一。维持校园基本的交通、消防安全，保障师生员工学习、生活和工作条件的安全，这仍是北京交通大学在目前乃至今后很长一段时间内要为之努力奋斗的工作重心。

（一）继续推进校园安稳

校园安全稳定工作一直都是北京交通大学校园安全文化开展的基本保障，也是安全工作的重中之重。2006 年，根据北京市委教育工委工作要求，为贯彻落实《首都教育安全稳定“十一五”规划》，学校出台了《北京交通大学安全稳定“十一五”规划》并切实实施。到 2007 年，以科技创安为重点，人防、物防、技防相结合的校园安全防范体系初步形成。“十二五”开局之年，安全保卫工作根据学校工作总体要求和整体部署，以“平安校园”创建为抓手，围绕学校 2011 年折子工程第 19 条任务加强维稳工作体系与责任落实，理顺体制机制，夯实基层基础，完善工作体系，提升安全保卫工作实效和安全服务质量，切实维护校园稳定。学校多次荣获北京高校国家安全工作先进集体称号，另外还荣获北京市消防工作先进单位，海淀区交通安全先进单位，海淀区社会治安综合治理工作先进单位等荣誉称号。

2008 年奥运会期间，学校安全稳定工作以做好北京奥运会、残奥会期间学校安全保障和服务为重点，全面推进《2008 年首都高校安全稳定工作暨“平安奥运行动”实施方案》和《北京交通大学“平安奥运行动”实施方案》的贯彻落实，积极探索和建立维护安全稳定的新型工作体制和长效机制，圆满完成各项安全工作。国庆来临之际，以迎接新中国成立 60 周年和学习实践科学发展观活动为契机，出台了《北京交通大学“国庆平安行动”工作任务手册》《北京交通大学“国庆平安行动”三级校园防控措施》及《北京交通大学“国庆平安行动”校园通行工作方案》，细化了各单位工作任务及分工，2010 年继续固化“平安奥运”“国庆平安行动”工作成果与经验，全面落实安全稳定“十一五”规划最后一年的各项指标，推动学校安全稳定工作提升到更高层次，为学校建设国内一流、国际知名、有特色、高水平研究型的大学做出积极贡献。

2014 年 2 月 28 日，在首都高校安全稳定工作会议上，我校荣获“平安校园示范校”称号，校党委副书记高艳代表我校领取奖牌。

（二）安防设备全面升级

随着社会科技的逐步现代化及校园规模的发展，校园安全文化建设开始需要依托先进的安防设备，主要是视频监控设备及消防设备。

视频监控方面，2006 年年底学校二期安全技术防范系统工程建设施工完毕，在教学区安装了 92 台摄像机，在家属区安装了 54 台摄像机，在学苑公寓安装了 52 台摄像机。2007 年学校投资 140 万元，启动了科技创安三期工程建设，覆盖教学区的视频监控系统达 85%，覆盖家属区的视频监控系统达 75%；学校在 2008 年更换了 18 台低照度摄像机，加高 1 个旋转摄像机立杆，调换 4 个枪式摄像机为球形摄像机，新增 6 台新式电视，安装录音电话和现场录音盒 1 套，并对照明不足的 10 余个路段增加照明，消防投入 16 万余元。

消防设备方面，2012 年我校投资 4 万元对校园消防报警系统进行全面维修，解决了消防报警系统故障和高层楼消防加压泵等问题。对消防中控值班人员进行业务培训，对于部分消防安全通道被杂物占用或用于办公的现象进行专项整治；对高层楼消防加压泵无法正常使用及部分楼宇共用消防井的问题进行专题研究，明确相关协调机制和具体操作、维修方案。此外，学生公寓全部安装了一卡通门禁系统，落实机要室、危险品实验室、重点实验室等重点部位安全措施；家属区门禁系统全面使用，消防报警系统实现了联网集中控制；奥运会训练场馆安全防范系统按相应标准进行了设计和安装。

（三）安全教育走进课堂

2006 年以后，北京交通大学校园安全文化发展开始步入保障阶段，安全教育正式进入大学课堂。2008 年完善《北京交通大学安全教育制度》和《北京交通大学学生安全教育计划（实施细则）》，2009 年，学校首次把大学生安全教育正式列入学生公共选修课，课程名称为“大学生安全素质概述”，课程设计为总学时 6 学时，涉及治安、交通、消防、国家安全和保密。研究生安全教育培训现场如图 3-2 所示。

图 3-2　研究生安全教育培训现场

除了每学期坚持开设安全教育选修课以外，学校每学期还利用军训契机，邀请海淀消防中队、海淀交通支队工作人员对新入学的同学进行消防和交通安全培训。此后，学校不断将安全教育选修课考勤和考核严格起来，2011 年将灭火器的使用等实际操作能力列入课程考核内容，开设“大学生安全素质教育概述”选修课；2012 年，学校编印《安全教育知识手册》，加强消防安全演练，加大安全教育培训的广度和深度，推进安全教育常态化、制度化。

（四）安全应急实战演练

校园安全工作不能仅局限于课堂和教材，学生应对险情的实际能力是学校安全教育的主题，每年定期举办的安全逃生演练为师生提供了很好的学习契机。

2007 年组织学生消防演练 6 次，广大师生员工掌握了基本的火灾预防常识和逃生自救互救技能，提高了各职能部门在应对突发事件时互相配合、通力协作、管理到位的综合能力；2008 年组织学生消防演练 6 次，其中大型消防疏散演练 1 次。2008 年奥运会期间，学苑公寓 7 号楼组织“平安奥运行动”之一的消防疏散演习，市委教育工委保卫保密处、北京市公安局文保处、海淀公安分局、大钟寺派出所、北下关街道、我校党委副书记高福廷和副校长陈峰及学校相关职能部门负责人，各学院党委副书记，师生员工代表等 1 000 余人观摩了演习；2009 年 6 月 11 日，在 19 楼学生公寓举办了学生公寓疏散演习，利用通信设备，在发现火情、报案接警、临场指挥、逃生自救、扑灭大火，解救人员综合点评等方面模拟火灾场景，促进了学校消防安全工作，学校荣获北下关地区消防安全先进单位。

此外，消防应急演练的形式也开始不断多样化，在学校教职工第 27 届、学生第 47 届田径运动会上，灭火器的使用和消防逃生混合接力首次列入比赛项目，学校也因此被评为 2010 年海淀区消防工作先进单位。学校在

2012 年 5 月份举行了消防运动会（如图 3-3 所示），1 500 余名师生参加了灭火器使用、消防逃生接力赛。通过比赛的形式使得师生在游戏中学习消防安全技能和知识，提高了师生在应对突发情况下的综合能力。

图 3-3　2012 年校园消防运动会

二、校园文化建设

2006 年以后，北京交通大学校园安全文化建设进入综合治理阶段，安全文化建设工作出现了新的契机，精神文化代替了原有的制度文化，北京交通大学知行精神的熏陶促使北京交通大学校园安全文化发展迈向更高、更深、更远的层面。

（一）校园文化建设走出校门

北京交通大学是一所百年老校，毕业生遍布世界各地，人才济济。随着学校规模的不断扩大及学校社会影响力的不断加大，学校开展校园系列文化活动，丰富校园文化生活；开展大学文化建设研究，提升校园文化建设的理论水平。北京交通大学的校园安全文化不再局限于校园，开始更高、更深层次的辐射。

以建校 110 周年庆祝活动为契机，北京交通大学开展了向海内外校友征集校庆标语楹联的活动；大力挖掘校园文化精品，《漫游中国大学——北

京交通大学》再版，为校际文化交流打开了广阔的空间，2010年，我校承办中央教育电视台全国直播的中华颂七夕晚会，完成筹备、创作、演出与新闻直播报道工作，独立创作节目《为了中华，为了爱》；积极开展“中华诵”试点工作，举办以“中华诵”为主题的“党在我心中”诵读晚会，得到社会各界广泛的关注，获得教育部相关司局高度肯定。学校作为高校代表，在教育部2011年“中华诵·经典诵读行动”经验交流研讨会上发言，获得与会人员一致肯定。

此外，学校党委高度重视文化的重要功能，扎实推动大学文化建设，从硬件平台建设、软件平台建设、人才队伍建设、新闻生态建设等方面着手，进一步明确功能定位和工作理念，秉承“真、新、实、活、品”五字工作理念，加强宣传思想阵地建设，营造良好的创新氛围，打造坚实的创新平台，以不断创新推动校园安全文化宣传工作的长足发展。

（二）北京交通大学精神推动文化建设

北京交通大学校园安全文化的长足发展，离不开交大“知行”精神的大力推动。北京交通大学大力推进和谐校园安全文化建设，营造浓厚的人文氛围、提升人文素养，与文科办、人文学院共同建设“天佑学术讲堂”，先后举办了“新媒体与互联网的发展”校园研讨会、中西方文化异同比较等讲座。结合迎奥运相关工作，开展“迎奥运、讲文明、树新风”系列活动，如校电视台推出《携手奥运》等专题，进一步增强广大师生员工人文奥运理念和文明礼仪素养。

开展北京交通大学精神和校园文化的讨论与研究，加大了对校园安全文化环境设计和建设的投入力度。此外，学校还展开和谐校园和节约型校园理念的宣传教育；开展学校优良传统宣传教育，凝练交大精神，提升学校凝聚力；进一步规范、完善学校的宣传文化体系，推进文化制度建设，建立文化建设长效机制；2012 年，面向全校师生和广大校友组织开展"交大精神"大讨论和"我谈交大精神"主题征文活动；完成了学校党建课题"大学文化建设研究"的调研工作，起草了"北京交通大学校园文化建设发展规划"稿，开展"大学制度和大学精神"调研，形成 1.7 万字的"完善大学制度，凝练大学精神"调研报告，为学校今后继续深入地进行校园安全文化建设做了良好的储备。

（三）建设交大发扬校园文化

校园安全文化的保障阶段，北京交通大学出台了学校首个文化建设专项规划——《北京交通大学文化建设规划（2012—2020 年）》。从 2011 年年底着手编制该规划，对学校未来八年文化建设进行全面规划和部署，先后面向 10 余位老领导、老同志和各学院、党委、行政部门进行了 3 次意见征求，经过 10 余次修订和完善，对学校未来几年文化建设进行了总体布局，为开创学校文化建设新局面打下了良好基础；启动了第一批文化研究课题立项工作，收到涉及校训、党史等课题申报 25 项。

完成主校区主要道路命名工作，以思源路、知行大道等命名主校区 13 条主要道路。落实学校报告会、论坛管理办法，加强思想文化阵地建设，规范活动审批；加强新兴媒体管理，做好教师思想动态和网络舆情搜集、分析与引导工作；成功举办以弘扬雷锋精神、北京精神为主题的"中华诵·春之声朗诵艺术晚会"；推出学校首个英文对外交流宣传片；学校被评为 2011 年首都文明单位标兵，有效提升了学校文化的传播力和影响力。

三、后勤规范化管理

北京交通大学后勤集团积极创新服务形式，进一步提高主动服务意识，坚持为师生做实事、做好事，得到了普遍认可。在交大校园安全文化进入保障阶段以后，集团的后勤服务工作也紧跟步伐，加强了后勤系统化、制度化和规范化的管理。

（一）完善安全应急工作，确保后勤管理有保障

2006年以后，后勤集团逐级签订安全工作责任书，各中心配备安全员，完善安全工作应急预案。此外，加强消防安全，组织员工进行了消防知识、消防器材操作等方面的培训，提高职工的消防意识和应变能力。对消防设施加强管理，对消防工作加强监督和检查。加强饮食安全，饮食服务中心加大监管力度，主任和质检人员每餐都到分管餐厅和部门进行监督检查，设立由中心主任带领的夜查小组，每周对中心所属单位的安全工作进行突击检查；加强食品化验工作，严格按照国家标准及卫生部、市疾控中心的有关规程进行食品化验；坚持集中采购，加强验收制度，从源头保证食品质量；针对各餐厅、部门及各岗位的特点制订安全计划，加强员工安全培训。东校区后勤服务中心进一步完善食堂的卫生考核、安全考核、质量抽查等制度，每周由主管主任带队检查一至二次，保证食堂的安全生产和食品安全。

为了提高宿舍安全意识，集团全面检查排除学生宿舍安全隐患。2010年，北京交通大学组织主校区、东校区、学苑公寓7号楼共9座学生公寓3 000余名学生开展消防逃生演练；组织600余名本科生参加消防栓和灭火器使用培训和实践操作。将节假日前的安全卫生大检查设置为长效机制，从9月起每月组织一次安全卫生大检查，及时发现隐患，通报结果，责令整改。

（二）建立安全长效机制，实现安全工作零事故

2007 年，后勤集团签订安全责任书和防火责任书，每个部门都设置专门的安全负责人，并建立完整的应急预案和安全信息报送机制；领导带队定期进行安全检查，发布安全检查报告。对存在问题的单位进行严肃处理，组织全体职工进行安全培训，全年共对员工进行安全培训 10 余场，参加培训人员达 2 000 余人次，培训内容涉及交通安全、食品卫生安全、消防安全等方面；针对 10 月十七大召开和奥运测试赛等重大活动确定 10 月份为安全稳定月，有针对性地与各中心签订安全稳定月责任书。

2011 年进一步推进后勤集团安全防控体系建设，加强了人防、物防、技防，完善安全管理制度和应急预案。后勤集团和学校签订了安全责任书。后勤集团根据以往工作的经验总结，对安全责任书进行修改，并与下属各中心签订安全责任书。

（三）紧抓下属单位工作，稳步推进系统化管理

1. 饮食服务中心

2007 年，食品原材料价格上涨，给后勤集团饮食服务带来了巨大成本压力，后勤集团采取严格核算、加强管理、节能降耗等形式降低成本。饮食服务中心采取多种措施，做到“严把八道关”——细化制度，严把管理关；准确统计，严把计划关；广泛调研，严把采购关；检质检量，严把入库关；注重细节，严把制作关；鼓励创新，严把菜品关；限制外来人员就餐，严把身份关；加强检查，严把食品安全关。通过上述措施，做到了“价格不变、数量不变、质量不变”。2011 年，学校饮食安全管理工作进一步得到强化，严把采购关，加大安全检查力度，严格进行食品化验，在食堂后厨安装门禁系统，严禁无关人员进入；提高学生食堂管理的科技水平，采用电脑监控系统和物流管理系统，在食堂引进新的米饭生产线，进一步

提高米饭制作的质量和效率。从 2012 年 1 月开始，按每月 30 万元将平抑基金补贴给学生食堂；建立成本核算制度，保证每餐供应的菜品数量符合市委教工委规定的高、中、低比例；坚持对食品原材料进行集中采购，降低采购成本；加强日常检查和化验，确保食品卫生安全；采取多项措施，缓解学生餐厅的就餐拥挤状况。

2. 学生公寓管理中心

学生公寓管理中心建立健全各项规章制度，出台了《学校学生公寓管理办法》《学校学生住宿管理规定》《学校宿舍内务管理细则》等。在北京交通大学学苑公寓顾客满意度调查中，满意率达到 99.22%。2009 年，公寓管理中心增加便民服务项目，为学生免费提供微波炉、打气筒、钳子、改锥、针线包、健康秤、“诚信雨伞”等用具；主动加强与学生处、研究生工作部、校团委、保卫处及各学院的联系，共同做好学生宿舍的管理工作，以优秀成绩通过了市教委对我校学生公寓的春季、秋季卫生安全检查，被评为北京高校先进学生公寓中心。2012 年，学生公寓管理中心配合学工部、研工部制定了两个关于学生宿舍管理的实施办法；加强了文明宿舍评比工作，考核结果实行“双报”制度，做到件件有落实，形成了学院部处齐抓共管的良好局面。

3. 水电管理中心

2008 年，水电管理中心参与体育馆供电改造，进行配电室耐压试验，制订多套应急预案，确保奥运期间供水、供电零故障运行；顺利通过水平衡测试，圆满完成水电费以收抵支任务，安全完成全年供水供电工作，保证全部电梯的安全运行和达标取证工作。2009 年圆满完成全年安全供电、供水工作和水电费以收抵支任务；完善 24 小时售电工作，保证电工 24 小时随叫随到；保证 78 部电梯的安全运行和达标取证工作；完成机械楼的接收和维修工作；完成交大嘉园学生电费改为自管户和学苑公寓水电收费和维修工作。2011 年全年安全供电 3 350 万度，保证 84 部电梯的安全运行和达标取证工作；完成明湖喷泉水泵大修工作，更换水泵 8 台，完成科创大楼施工电源铺设工作，铺设电缆 300 米。

4. 东校区后勤服务中心

东校区后勤服务中心贯彻执行集团制定的工作方针，工作成效显著。按照“安全第一、预防为主”的原则，坚持群防群治，重视防汛工作，采取安全防范措施。深入挖潜，节能降耗，在节能减排方面成绩显著；综合维修、水电保障、绿化保洁、教学楼管理等日常服务保障工作扎实开展，东校区和学苑公寓供暖工作顺利进行。

（四）建立健全管理制度，实现安全管理规范化

后勤集团成立制度建设工作小组，从财务管理、人力资源管理、安全管理、质量监督检查及党务和行政管理等方面，对后勤集团制度进行全面梳理。此外，后勤集团推进全方位的安全体系建设，按照“安全责任到人，安全检查到点，安全意识到心，安全技能到手”的原则，全面加强安全工作，2009 年实现“安全零事故”。后勤集团进一步完善了生产安全、食品安全、交通安全、消防安全、电力安全、幼儿园安全等方面的安全管理制度，在后勤集团建立起三级联控的安全体系；在 2009 年年初签订全年安

全稳定责任书，在各种重大活动中层层签订专项安全责任书，提高全员的安全责任意识；加强安全宣传教育及安全技能培训和演练，全年共举办安全培训30余次，约6 000人次参加；加大安全检查和整改力度，将检查结果与年度考核成绩挂钩，促使各单位切实提高对于安全工作的重视程度和整改力度。

到2010年，后勤集团制度清理工作全部完成，主要包括：完善并制定了各类规章制度61项，内容涉及财务管理、人力资源管理、安全管理、质量监督检查及党务和行政管理六个方面，进一步提高了规章制度的科学性、规范性和可操作性；编纂出版以“探索之路”为主题的系列丛书8本，分别是《党委、行政及质检制度》《财务管理制度》《人事管理制度》《安全管理制度》《饮食管理制度》《学生公寓管理制度》《工作计划、总结及报告》和《饮食工作汇总》，共计100多万字。丛书对学校后勤改革的制度、经验和主要做法进行了系统的总结和梳理，如实反映了学校后勤在改革发展过程中进行探索实践的历程，为进一步提高后勤管理与服务水平提供了有益的借鉴。

（五）做好后勤服务工作，坚决排除一切危险源

1. 学校基础设施建设工作

后勤集团积极落实消防设备设施改造工作，为所有食堂都安装了燃气报警系统，开辟了家属区静园3～6号楼的消防通道，对家属区塔楼地区腐蚀严重的消防室外管线进行全面更换。2012年后勤集团完成各类大中修及抢修工程180余项、修购项目10项、其他项目30余项。实现了工程造价和工程质量“两手都要抓”，提高了后勤服务保障能力。完成了大修计划的各项工作，包括：毕业生宿舍粉刷等修缮工程，部分教学楼黑板更换、部分楼宇防水及配电改造工程，畅园5号楼电梯更换工程，学苑公寓中水大修、东泵房水箱周边地面硬化及泵房外墙加固工程，学生公寓楼限电器改造、校园及家属区绿化工程等，其他工程还包括：知行大厦内部装修改

造、光波楼改造、保密学院装修、风洞实验室改造、第七教学楼物理实验室改造等。

2. 绿化美化校园工作

2012 年在校园中补植、新植草坪 3 000 平方米，修剪草坪 55 万多平方米、色块 2.4 万平方米，花灌木 1 200 余株；加强古树名木的保护，为其建档建志，打造校园历史文化名片，有计划地完成了 6 棵古树名木的复壮工作；完成了在重大活动和节假日摆放盆花、布置会场和校园景观的任务。

3. 日常维修服务工作

2012 年共完成电话及网路报修 25 000 余次，维修班自查维修 1 900 余次，特种维修报修 240 余次；建立巡检、回访制度、检查记录 860 次，电话回访 4 998 次；出资 70 余万元解决塔楼等屋面防水、公共区域的修缮美化等历史遗留问题。

4. 供暖工作

后勤集团利用停火阶段完成学校各项供暖改造项目，提前做好供暖准备工作。2012 年，为了保证十八大的顺利召开，克服了时间紧、任务重的压力，实行全体供暖人员停休，24 小时不间断监测、调试供暖系统，发现跑、冒、滴、漏等情况，及时抢修、维护，于 11 月 1 日启动点火仪式，确保了本年度冬季供暖工作提前启动并正常运行。

5. 实验室安全管理工作

为进一步落实实验室安全责任制，组织各学院对每个实验室实体的安全责任人和安全员进行复核，对发生变更的重新签订了“实验室安全责任书”；强化安全意识，提高实验室人员抗击突发事件的应变能力，组织举办实验室人员消防器材使用培训及演习活动，邀请校外专家进行实验室安全知识讲座。为规范实验室技术安全、环境安全等各项指标，使衡量实验室安全状况更趋于准确和量化，提高实验室安全管理的水平，拟订“实验室安全检查项目参照表”，将实验室安全归类细化，全面覆盖了各类型实验室的常态化安全管理，使安全检查不流于形式。此外，还出台了《实验室危险化学品、废弃化学品环境突发事件应急预案》；明确学校环保管理机构；要求相关实验室严格按照海淀区环保局规定的实验室危险废物现场检查要求进行逐项自查，并进行了整改；全面掌握所有危险试剂及危险废物的年使用情况；按时向环保局提交整改报告和实验室情况调查表。

四、师生心理健康教育

在北京交通大学校园文化建设的安全保障阶段，师生的心理健康问题是学校的工作重点之一，学校师生心理健康教育工作以基地建设和专题活动为着力点，不断提高学生心理健康教育质量，理顺工作机制；不断推进学生心理素质教育中心与学院的联动机制，加强新课程体系建设，促进咨询服务深入开展，加强心理危机的预防和干预，建立了全方位的心理危机预防和干预体系；不断改善学校心理健康教育的设施和硬件条件，以丰富多样的校园活动为依托，落实学校师生心理健康教育理念。

（一）心理健康教育体系不断健全

在北京交通大学校园文化建设的保障阶段，学校将大学生心理健康教育工作不断纳入学校思想政治教育工作体系，成立学生心理健康教育工作

领导小组。学校学生心理素质教育中心改进了工作机制，增加了教学、工作及活动内容，为学生思想政治教育注入了新的内容和活力。学校心理健康教育开始实行五级管理模式，即：校党委—学生心理健康教育工作领导小组—学生心理素质教育中心—学院心理工作组—班级心理委员。2006 年学校出台了《北京交通大学大学生心理危机干预实施办法》，制定了各项具体可操作的规章制度，编印了《北京交通大学大学生心理健康教育工作手册》。

学校逐项检查心理健康教育的体制机制、师资队伍、教学体系、活动体系、心理咨询服务体系、心理危机预防与干预体系和工作条件等方面的建设情况，对薄弱环节和不达标方面积极进行建设，不断充实完善，不断推进心理健康教育工作的科学化建设，推动学生心理素质教育中心与学院联动机制，共同促进工作开展；构建和完善了大学生心理问题高危人群预警机制；加强了心理中心、学院、家长、学生间的沟通和联系，建立了问题严重学生档案并及时追踪；建立了学生心理素质教育中心与校医院、专业医院间的联系和工作渠道；完善"我爱、爱我"热线接线员培训制度。

（二）心理健康教育条件不断完善

完善个体、团体咨询条件。2006 年开始，学校个体咨询实行了实名制及完全预约制度，此后逐步建立了团体咨询与危机干预间的有效连接；加强了专、兼职咨询师的专业化建设，加强了对专、兼职咨询师的培训与督导；加强团体心理咨询的制度建设，规范了团体辅导的流程、过程评估档案管理等；加强了重点学生和心理危机学生的信息库建设，做好跟踪，加强与校医院、专业医院间的联系；建立了严重咨询个案及时上报制度、危机个案即时处理制度、危重个案及时转介制度等；成立了北京高校心理咨询教师学习提高与督导基地。2007 年有 13 所高校的 38 位咨询师在学生心理素质教育中心进行学习与督导。到 2010 年，学校成立心理危机评估小组，对每例心理危机学生进行评估，必要时转介到专业医院进行治疗或邀请专家来校会诊。2011 年完善了预约制度，增加了对需要继续接受咨询的毕业学生的制度管理，制定了长程个案的管理规定，完善了专、兼职咨询师的管理制度。到 2012 年，全校共设立 6 个团体咨询小组和 1 个心理成长工作坊，58 人得到了 8 到 16 周的团体辅导服务。

完善课堂教学条件，使课程的体系化、规范化及普及率在北京高校处于领先地位。2006 年心理健康教育开设 5 门理论课、2 门实践课。2007 年，为满足学生心理测评和生涯规划的需要，开设“心理测评与生涯发展指导”课。2008 年对“大学生心理学”的课程内容和授课方式进行改革，并取得较好的教学成果。2009 年新增新课程体系的研讨与建设，积极探索教学改革，使心理课有趣有益，创造机会让学生参与国际交流，帮助高年级学生在品格、心理和领导力技巧上成长；2010 年承办了由北京高教学会心理咨询研究会主办、David Eckman 博士主讲的为期 3 天的“人生价值观与人际交往技能训练”工作坊；2012 年增开了“大学生青春健康教育”和“助人的理论与操作技能”2 门课程，“大学生心理学”被评为学校首批建设的通识类核心课程。

（三）心理健康教育理念不断落实

学校以心理论坛为轴线，以心理素质培养和潜能开发为落脚点，面向全体学生，开展丰富多彩的心理健康教育活动，使得学校心理健康教育理念得以全面落实，如举办“大学生心理健康文化活动月”活动。2006 年全年学校开展心理讲座和培训达 40 余场，开通了“红果园健心服务热线”，开展朋辈交流和心理素质拓展训练等。2008 年以世界精神卫生日为契机开展“同享奥运精神，共促身心健康”的心理健康专题宣传周活动；2007 年开展论坛活动 33 次，举办了以“自信，关爱，和谐”为主题的第四届大学生心理健康文化活动月，承办了由北京市委教育工委和北京高教学会心理素质教育研究会主办的“北京高校校园情景剧展演”活动；以世界精神卫生日为契机，开展主题为“提倡心理咨询，促进精神健康”的心理健康专题宣传活动等。阳光心理论坛从 2007 年开设以来已举办 63 期，成为学校的品牌活动，使参与学生的心灵在不断碰撞中成长。此外，学校还邀请校内外专家为校内各类人群开展心理健康讲座，借助学生喜爱的网络开展“特思交流吧”活动，由专职教师和学生在网上进行专题讨论，聘请校内外专家对全体接线员进行专业技巧培训。为新生印制了心理宣传手册和书签；发放心理科普报《心路》。深入开展心理健康教育研究工作，主要承担的课题有“逆境商的原理与培养”（横向）、“如何构建和完善大学生心理问题高危人群预警机制的研究”（校级）等。

（四）心理健康教育科研开始深入

北京交通大学从 2008 年开始深入开展心理健康教育研究工作，学生心理素质教育中心主持的课题 3 项，参与课题 6 项，发表论文 4 篇，主编或参编著作 4 部；2009 年成功申请校重点教改课题“构建大学生心理健康教育体系、促进学生健康和谐发展的研究与实践”，成功申请校思政课题 2

项，参与课题6项，主编著作1部，发表论文4篇；2010年完成校重点教改课题“构建大学生心理健康教育体系、促进学生健康和谐发展的研究与实践”，成功申请学校思想政治研究课题1项，成功申请北京市哲学社会科学规划课题1项，主编著作2部，发表论文5篇；2011年成功申请2项校思想政治研究课题；主编著作3部，发表论文4篇。

（五）心理健康教育资源开始共享

2008年，学校接待参观交流高校20余所，其中京外高校10余所，已有12所高校的咨询师在学生心理素质教育中心进行学习与督导，共完成专、兼职心理咨询师学习与督导28次，实现了与兄弟院校密切合作，共塑校园心理健康氛围。

此外，学校还积极利用专业资源，积极为社会服务。2008年完成3次对地震重灾地区同学的团体心理辅导；组建暑期赴灾区大学生心理健康援助志愿服务队，完成了为期10天的心理健康援助服务；出台“北京交通大学奥运志愿者心理健康保障、精神激励实施方案”；编写“微笑互助健康奥运”心理健康支持宣传册，为志愿者及带队教师6 000余人提供心理健康支持服务。2009年，北京交通大学完成对参与国庆训练方阵的2 500余名学生的心理健康保障和精神激励，编写“我与祖国共奋进”心理支持宣传册并分发给每位参训学生，对参训师生开展心理健康热线、面询等心理健康援助服务。

北京交通大学校园安全文化进入保障阶段以后，安全文化建设开拓了新局面，校园安全文化建设开始走出校门；后勤工作规范化的实现，为师生提供了良好的生活环境；此外，北京交通大学师生心理健康教育实现了质的飞跃，心理健康教育体系不断健全、心理健康教育条件不断完善、心理健康教育理念不断落实、心理健康教育科研开始深入、心理健康教育资源开始共享。校园安全是学校各项工作正常开展的前提和基础，也是学校各项工作顺利完成的可靠保障。学校要把校园安全工作落到实处，其最高体现就是校园安全文化建设。校园安全文化建设可以从校园安全的观念文化、校园安全的行为文化、校园安全的管理文化等方面来进行校园安全文化建设，校园安全文化建设不仅成为校园文化的重要组成部分，也是构建和谐校园的基础和保证。

部分集体获奖明细

2006 年

北京交通大学荣获北京高校国家安全工作先进集体称号

北京交通大学荣获海淀区社会治安综合治理工作先进单位称号

北京交通大学荣获海淀区交通安全先进单位称号

保卫处荣获北京市先进治保会称号

保卫处荣立北京市公安局集体三等功

2007 年

北京交通大学荣获北京高校国家安全工作先进集体称号

北京交通大学荣获北京市消防工作先进单位称号

北京交通大学荣获北京市交通安全先进单位称号

保卫处荣获北京市公安局集体嘉奖

2008 年

北京交通大学荣获北京市消防工作先进单位称号

北京交通大学荣获海淀区交通安全先进单位称号

北京交通大学荣获海淀区社会治安综合治理工作先进单位称号

北京交通大学荣获北京高校国家安全工作先进集体称号

保卫处荣获奥运立功工人先锋号称号

保卫处荣获首都教育系统奥运工作先进集体称号

保卫处荣立北京市公安局集体三等功

保卫处荣获学校服务北京奥运会残奥会先进集体称号

2009 年

北京交通大学荣获北京高校国家安全工作先进集体称号

北京交通大学荣获国庆安保工作先进集体称号

保卫处荣立北京市公安局集体三等功

2010 年

北京交通大学荣获北京市交通安全先进单位称号

2011 年

北京交通大学荣获北京高校国家安全工作先进集体称号

北京交通大学荣获海淀区交通安全先进单位称号

北京交通大学荣获海淀区消防工作先进单位称号

北京交通大学荣获海淀区社会治安综合治理工作先进单位称号

保卫处荣获北京市公安局集体嘉奖

保卫处荣获海淀区高校安全保卫工作先进单位称号

保卫处荣获学校 2011 年度优秀奖

2012 年

北京交通大学荣获北京高校国家安全工作先进集体称号

北京交通大学荣获海淀区交通安全先进单位称号

北京交通大学荣获海淀区社会治安综合治理工作先进单位称号

保卫处荣立北京市公安局集体三等功

2013 年

北京交通大学荣获高校安全保卫工作先进单位称号

北京交通大学国家安全工作小组荣获国家安全人民防线建设工作先进集体称号

北京交通大学荣获北京市交通安全先进单位称号

2014 年

北京交通大学荣获平安校园示范校称号

第四章　校园安全文化与平安校园

平安校园建设是新形势下高校加强校园治安综合治理的新举措，是学校管理与建设的重要内容，目的是进一步夯实学校治安综合治理的基础。北京交通大学自 2011 年启动了“平安校园”的创建工作以来，经过全校领导和广大师生员工的共同努力，取得了许多成果，并顺利通过了“平安校园示范校”的评选。平安校园建设成果为现阶段学校安全文化建设工作的环境保障体系奠定了坚实基础，同时校园安全文化将在持续巩固平安校园建设成果方面发挥重要的作用。本章在介绍北京交通大学创建平安校园工作经验的基础上，重点分析校园安全文化建设与平安校园的辩证关系。

第一节　平安校园安全概述

创建高校平安校园是落实以人为本的需要，也是实现高校发展目标的需要。以人为本是科学发展观的核心，以实现人的全面发展为目标，建立令师生员工身心愉悦的物质和精神环境。高校“平安校园”正是实现上述要求的根本和基础。所谓“和谐育君子，险恶育小人”，平安和谐的环境培养美德，促进人的全面发展和健康成长，这正是培养合格的高级专门人才的必要环境。为了使高校能持续快速健康地发展，既要加强硬件建设，也要加强软件建设。努力创建高校“平安校园”，不仅能使高校的师生员工把主要精力放在工作和学习上，而且能不断促进硬件建设和软件建设协调发展，最终实现高校整体的发展和进步。

一、平安校园的内涵

谈到平安校园，首先需要解释何为“平安”。平安，现代汉语词典解释为“没有事故，没有危险；平稳安全”，例如，唐朝诗人岑参在《逢入京使》中写道：“马上相逢无纸笔，凭君传语报平安。”这是狭义的“平安”。广义的平安是“大平安”，指的是社会太平、百姓生活安康，即使存在风险却并未遭受损失，也指心境的平和安定。

平安校园的内涵十分丰富，它既指校内治安良好的狭义“平安”，又指校内师生员工政治思想稳定、心理健康及校内饮食、交通、医疗、消防、网络等方面的广义“平安”。平安校园不仅是学校党政、教学、科研、后勤管理服务工作的重要组成部分，也是推动学校各项工作发展的保障。稳定压倒一切，只有“长治”才能“久安”，校园安全只有经过不断提及、不断建设，在校园内生活的师生员工才能得到长久的平安。因此，平安校园是一项系统工程，其建设需要全校师生员工的共同奋斗，要经过齐抓共管和坚持不懈地努力，充分利用“人防”“物防”和“技防”等多种手段，最终才能做到“四个确保”，即确保学子专心向学、确保校内治安状况良好、确保教职员工安居乐业、确保科研教学运行稳健。

马克思关于人的发展理论认为：安全是人的发展的第一需要。学校作为培养人才的地方，是以人为核心的地方，是高级知识分子的聚集地，安全是学校发展的基础。在校园中，首先要保证广大师生员工的生命安全，涉及治安、饮食、运动、宿舍、交通等方方面面的安全工作，一旦哪个方面出现问题，都会给学校带来消极影响。我校的建设目标是成为高水平一流大学，这意味着我校不仅要有一流的学科、一流的人才，更要有一流的管理、一流的环境。高水平一流大学首先要有一个平安的、环境和谐的、有助于人发展的校园，只有在这样的校园中才能促改革、谋发展。

在平安校园的创建期间，学校师生员工对平安校园的内涵还有了新的感悟，即平安校园应该是一个以人为本的、和谐的校园。平安校园不仅是指安全，而是以安全为基础，还包括许多安全要素，其内涵十分丰富。平安校园基本要素可以通过“安全树”的形态来表述，其核心是师生员工；树上的“枝叶”就是涉及师生员工教学科研、学习生活各方面的安全要素。通过平安校园的建设，在校内应该树立起校园安全综合防控的工作体系，使校园达到各方关系和谐、适合于师生共同发展、无后顾之忧的状态，实现校园内长期稳定、环境和谐、校园秩序井然、人与人之间大度宽容、平和共处的理想新境界。

二、平安校园的创建工作

北京交通大学于2011年启动了“平安校园”的创建工作，是新形势下学校加强校园安全综合治理的新举措，是学校管理与建设的重要内容，在进一步夯实学校社会治安的基础上，加强了学校的消防管理、交通管理、安全教育和心理健康教育，全面提升了整个安全保障体系的实力。学校立足于“大维稳、大安全”的高度，经过组织创立、制度完善、硬件设施购置、安全文化氛围营造等环节，形成了全员参与、齐抓共管的工作合力，有效维护了学校的和谐稳定，为学校的改革发展创造了良好的文化环境氛围，平安校园的建设工作得到了社会各界的充分肯定。学校于 2014 年 2 月被中共北京市委教育工作委员会、北京市教育委员会、首都社会管理综合治理委员会办公室、北京市公安局评为“平安校园示范校”（如图 4-1 所示）。

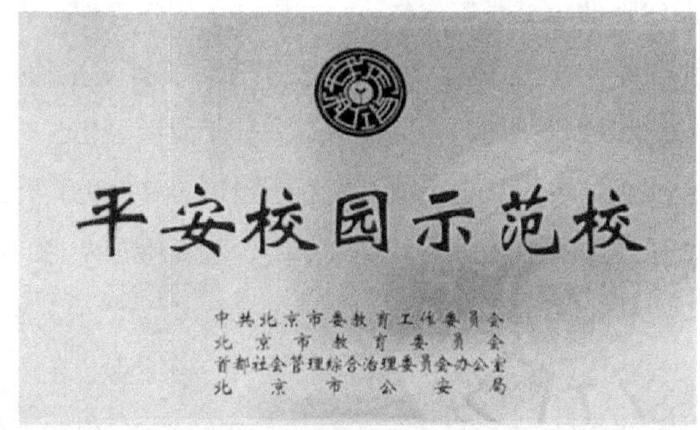

图 4-1　北京交通大学荣获“平安校园示范校”称号

在创建平安校园的工作中，学校依照标准，围绕组织领导、校园周边综合治理、安全管理、安全维稳和安全教育几大工作模块精心谋划，形成了校党委统一领导、党政齐抓共管、校内各单位组织协调、各职能部门分工负责、师生员工共同参与的安全稳定工作格局。

（一）全面统筹，整合优化组织领导体系

1. 党政齐抓共管，做好顶层设计

学校高度重视安全稳定工作，坚持把安全稳定工作置于学校工作的重要位置，形成了党委统一领导、党政齐抓共管、职能部门统一管理、各部门分工负责的安全稳定工作责任体系；出台了学校《安全稳定工作“十一五”规划》，将安全稳定工作与学校改革发展同规划、同部署、同落实。

学校党委常委会每年专题研究安全稳定工作，每年 3 月召开全校性安全稳定和综合治理工作会议，每月召开安全稳定工作协商会，定期听取工作汇报并进行专题研判。每逢敏感时期和重要节点，书记、校长亲自部署，分管领导亲自协调、组织实施，并建立了校领导包片负责制度。

2. 健全组织机构，明确分级管理

学校全面建立健全维稳工作体系，并制订了工作方案，设立稳定工作领导小组，负责维护学校稳定、处置突发事件、统筹安全稳定各项工作。组长由党委书记和校长担任，副组长由有关分管校领导担任，成员由相关职能部处和各二级党组织书记组成。领导小组下设稳定办，挂靠在学校办公室，负责维稳工作的综合协调、组织落实、督促检查及信息收集、分析和上报。各二级单位设有稳定工作二级领导小组，"一把手"是本单位安全稳定工作第一责任人。学校保卫处单独设置，下设政保、治安、安全、监控中心等6个科室。学校还设有国家安全工作领导小组、保密工作委员会、校园综合治理委员会、交通安全工作委员会，形成了较为完善的安全稳定工作体系。

3. 强化队伍建设，提升人员素质

学校重视专、兼职安全稳定工作队伍建设。按照保卫工作对象 1‰的标准，配备了专职保卫人员 30 人。其中具有硕士或本科学历的占 40%，在读博士 2 人。

学工部、研工部统筹全校本科生和研究生有关工作，各学院均设有学生工作组；共有 186 名专、兼职辅导员及 1 000 余名以业务导师为主的本科生、研究生兼职班主任和导师队伍。在重要活动、重大事件和敏感时期，这支队伍能够深入宿舍、深入班级、深入社团，加强思想引导，在学生思想政治工作、安全稳定工作方面发挥了重要作用。

学校建设有一支专兼结合、总人数超过 200 人的网络舆情管理工作队伍，包括专职管理工作人员、网络舆情联络员、网络舆情监测引导员、网络思想政治教育工作人员及网络技术支持工作人员，在监测网络舆情、引导网上舆论、处置校园网络舆情突发事件等方面发挥了重要的作用。

后勤集团建立了"集团—部门—班组—个人"的四级安全管理服务体系，成立了北京市首家后勤集团劳动争议调解委员会。

学校加强群防群治队伍建设。每个学生宿舍设有安全员，每个班设有心理委员，勤工助学学生组建了安保服务队。

4. 构建责任体系，实现横纵结合

学校安全稳定工作坚持“谁主管、谁负责”的原则。在每年的安全稳定工作会上，书记和校长与二级单位签订安全稳定工作任务书。严格落实安全稳定责任，实行“一票否决制”和责任追究制，并将安全稳定工作纳入学校年度考核体系。

各二级单位将安全稳定责任落实到科、室、班、组及责任人。党政一把手作为维护安全稳定第一责任人，对涉及安全稳定方面的重要工作、重大行动、重大问题，必须亲自指挥、亲自协调，及时排查化解各类不稳定因素，稳妥控制影响稳定的各类事端。

（二）突出重点，健全完善维稳工作体系

1. 收集情报信息，多方联动研判

学校十分重视信息的收集和研判工作，建立了渠道畅通、反应灵敏的校园安全稳定信息动态搜集网络，并出台了《校园网络舆情管理工作实施方案》及校内论坛 24 小时舆情监测制度。先后成立了网络舆情管理工作领导小组、网络舆情中心、网络信息部等机构，加强对网络舆情的监控、引导及信息收集，对突发、重大网络舆情事件及时进行研判和处置。

学校每月至少召开 2 次会商研判会，专题研究部署安全稳定工作。严格落实节假日和敏感时期领导带班和信息零报告制度，注意多方收集信息，及时分析研判维稳形势，落实防范措施。

2. 把握动态趋势，加强教育引导

通过开展教师思想政治状况滚动调查等，及时掌握、分析师生员工的思想动态及校园舆情动向，为学校安全稳定形势研判提供依据。同时，结合国内外形势和校园舆情动向，切实做好重要活动、重大节点和敏感时期

师生员工思想政治教育与宣传工作。例如，在钓鱼岛问题敏感时期，学校领导利用形教课与学生面对面开展工作，既释疑解惑，又教育引导，把学生的思想和行动统一到中央精神上来。学校还邀请海军少将杨毅来校做报告，增强师生对国际形势与国家安全形势的认识。

学校努力搭建网络舆情工作平台，引导校园网络舆情。开发了“知行信息交流平台”，学校职能部门及时发布信息、答疑解惑。在新浪微博开设了官方微博，及时引导校园网络舆情。

3. 主导舆论阵地，强化意识形态工作

学校出台了《北京交通大学报告会、研讨会、讲座、论坛管理办法》等规定，全面加强宣传阵地、课堂教学、讲座论坛、学术交流、学生社团活动的统一管理。建立媒体负责人联席研讨工作机制，确保新闻宣传的一致性。通过“掌上交大服务青年”手机报等形式及时向学生发布学校重要新闻和活动信息。

学校出台了《抵御和防范境外利用非政府组织对学校渗透工作实施方案》，成立了民族宗教工作领导小组，及时了解和掌握党外人士思想动态。尊重并维护外籍教师和留学生不同宗教信仰，引导他们依法进行宗教活动。

学校加强对涉藏、涉疆等特殊群体的管理。建立了相关学生台账，随时掌握学生的思想动态和学业、生活情况，关心、帮助他们成长成才。

4. 应急长效结合，健全维稳机制

学校坚持常态时期和敏感时期相结合的维稳工作机制。制订了特殊及敏感时期维稳工作方案和应急处置预案，以重点人稳控和网络舆情信息监控为重点，加大对校门、校园重点和敏感部位的巡视、检查、值守和监控力度，适时启动校园等级防控，确保校园安全。

学校加强科技创安建设和交通、消防、生产、饮食、危险物品管理等有关的基础设施建设。切实做好思想引导、矛盾纠纷排查化解、安全法制教育等各项工作。注重应急队伍的建设，加强应急演练，做好及时应对突发事件的准备。完善和固化等级防控、分级响应机制，形成了平时、战时有机结合的工作机制。

（三）掌控源头，建立矛盾纠纷排化体系

1. 注重源头预防，建立风险评估

学校建立了重大事项社会稳定风险评估机制，对涉及师生切身利益的重大项目和重大决策实行风险评估。在此基础上，研究制订相关工作方案。

实行校务公开，增加学校工作透明度。注重发挥教代会、工会、学生会等团体作用，畅通师生利益诉求表达渠道。

2. 主动化解矛盾，确保妥善高效

学校每半年集中开展一次矛盾纠纷排查，特殊及敏感时期实行专项排查。建立矛盾纠纷分类工作台账，落实责任人、化解稳控措施和解决问题时限。涉及重大矛盾问题，学校主要领导亲自督办，在矛盾纠纷完全化解之前，逐一落实稳控措施。对于危害突出的重点人及可能引发群体性上访、个人极端信访的案件，制订应急工作预案。校领导对涉及分管工作的矛盾纠纷问题实行接访、督办下访、跟踪回访。

学校信访办有专人负责信访接待和处理，确定信访重点事项；建立重点人档案，制订特殊重点人群专项工作预案。出台了《信访工作实施细则》，坚持校领导接待日制度，成立劳动人事争议调解委员会。通过上述措施，尽量将关口前移，积极化解矛盾纠纷，避免形成安全隐患。

（四）创新模式，强化校园综合防控体系

1. 注重三防结合，发挥技防优势

我校科技创安硬件建设始于 2005 年，已连续开展了 7 期技防工程建设，共投资 907.5 万元。目前有主控室 1 个、分控室 35 个，安装摄像机 1 000 余台，建设了覆盖学校周边 95%区域和全校范围的安全技术防范系

统，建立了管理运行制度和突发事件应对处理预案流程。2005—2008 年共受理案件及各类求助 2 049 件，协助侦查破案回放录像 1 453 次，为维护校园安全工作提供了有力支撑。

2. 层层细化责任，构建网格管理

科学划分校园防控区域，加强对人、地、事、物、组织的精细化管理。学校出台了《关于建立包片管理责任制及联系学院工作的试行办法》，将校园按地域划分为三个责任区域，每区设有专人进行治安和安全管理。后勤集团以班组为单位，布控了纵到底、横到边的 133 个网格。

3. 科学设计标准，实施等级防控

学校制订了常规、加强及超常三级防控机制的划分标准、响应措施及相应力量配置方案。以网格化管理和三级防控机制为抓手，建立“平安校园”联动管理中心、安全稳定信息动态搜集中心和网络信息管理中心，加强信息搜集研判、突发事件应对处置和网络管理工作，深化常态与敏感时期校园防控模式。

4. 实现“六位一体”，建设管理中心

2013 年 3 月，学校以技防中控室为基础，建设“平安校园”信息化管理服务中心。其中，包括一个中心和一个平台：一个中心是指在学校现有监控中心的基础上建立集综合值班、师生求助、视频监控、消防报警等 6 项职能为一体的管理指挥中心；一个平台是指建设能够满足学校平安校园各方面建设需要的信息化支撑平台，包括网格化管理、应急处置、智能分析与决策、智能交通管理等功能。该项目建成后，学校交通、消防和治安等方面的管理将上一个新的台阶。

（五）整合资源，完善教育管理服务体系

1. 开展系列培训，强化安全教育

以法律基础课为主渠道，开展法制宣传教育。学校出台了《安全教育

制度》《大学生在校期间安全教育计划》，将“大学生安全素质概述”课程列入教学计划，每年大约有 1 000 人修读该课程。

学校利用讲座、培训、社团、校内媒体、演练等途径对学生进行安全教育（如图 4-2、图 4-3 和图 4-4 所示）；发放《安全自护自救知识手册》，将新生入校第一周设为安全教育周；组织高层建筑消防逃生实战演习，并将消防器材使用和逃生混合接力作为比赛项目列入学校运动会；结合大学生思想政治工作，引导学生正确对待生命，正确对待困难和挫折。

图 4-2　2011 年理学院举办“消防安全，从我做起”消防培训及模拟演练

图 4-3　2012 年土建学院开展 119 消防宣传日活动

图 4-4　2014 级新生消防逃生演练

图 4-4 2014 级新生消防逃生演练（续）

2. 校地齐抓共管，加强综合治理

学校高度重视校园综合治理工作，出台了《社会治安综合治理规定》《交通安全管理规定》等文件，建立健全了安全责任制度。

学校建立了安全隐患排查整治长效机制。重大节假日和特殊敏感时期，通过校领导带队检查、全校拉网式检查和二级单位自查相结合的方式，全面排查整改校园安全隐患。

学校加强校内出租房屋和流动人口的管理；主动争取属地政府和有关部门支持，加强对校院周边的治安综合治理和专项整治；与市局文保总队、海淀公安分局联合建立了民警工作室，与大钟寺派出所联合成立校园反盗窃专项工作组。

3. 监管校园网络，构筑技术屏障

学校加强对校内各级各类网站管理，建立了网站管理员、单位信息员、网络舆论引导员三支网络管理队伍，严格落实网站、论坛的监管责任。

学校加强网络管理技术基础保障建设，实现 24 小时全网监测和负面信息筛查；加强信息网络安全建设，从技术上构筑安全屏障，确保校园网络安全运行。

4. 注重人文关怀，帮扶困难群体

学校完善对困难学生的关怀帮扶机制。建立学业困难学生数据库，通过开展个体咨询、团体辅导、学习沙龙等活动解决学生学业发展问题；加大对经济困难学生的资助力度，设立思源助学金、增加勤工助学岗位，保证经济困难学生年均不低于 10 000 元的基本学习和生活保障；关心少数民族学生，在开斋节、藏历新年等节日，校领导、教师与少数民族学生共度佳节。

学校现已开设 13 门心理健康教育课程，每年开展心理健康文化活动月等活动，年均接待各类咨询 1 200 余人次；定期开展心理普查和排查，落实严重个案及时上报、及时处理、及时转介制度，加强重点学生的信息库建设；构建了心理健康教育服务体系、危机预防与干预防控体系。

5. 完善组织机构，健全保密机制

学校设有保密委员会，由党委书记担任主任，成员包括相关职能部门主要负责人。保密办公室挂靠在学校办公室，负责保密管理的日常工作。各二级单位设立二级保密工作领导小组。保密委员会下设定密工作小组、科技保密工作小组及外事保密工作领导小组。注重保密制度建设及宣传教育工作，加强对保密要害部门、涉密人员、涉密载体及涉密计算机的管理。2012年7月，顺利通过了第二轮武器装备科研生产单位二级保密资格现场审查认证。

（六）完善预案，健全校园应急处置体系

1. 健全应急机制，提升处置水平

学校出台了《各类突发事件应急预案》，包括1个总体预案和自然灾害、事故灾害、社会安全、公共卫生事件4大类10个分预案。每年两会、特殊敏感期和学校的大型活动均制订安全工作方案和应急处置措施。每年组织开展全校性逃生疏散演练，近年来选取学生食物中毒、意外死亡、反日游行、禽流感防控等专题，开展了应急处置桌面推演。

2. 注重隐患排查，防范群体事件

学校在重大节假日和特殊敏感时期，对可能出现的不稳定因素进行排查，掌握各类涉校群体性事件的倾向性、苗头性信息，做到早发现、早报告、早干预、早处理，把隐患消除在萌芽状态；修订了学校《社会安全类突发公共事件应急预案》，完善了群体性事件专项工作预案、处置程序和处置原则，最大限度地减少了群体性事件的社会影响和现实危害；加强对各级领导干部和工作人员的培训，不断提高预防和处置群体性事件的水平。

三、平安校园的创新特色

围绕“大事不出、小事减少、管理有效、秩序良好”的总体目标，通过“平安校园”创建，巩固了学校党委统一领导、党政齐抓共管、校内各单位组织协调、各职能部门分工负责、师生员工共同参与的安全稳定工作格局，健全和完善了机构人员齐备、责任措施落实、管理服务到位、组织保障有力的安全稳定工作体系，形成了一些特色创新经验。

1. 构建“2+2”格局，形成维稳合力

学校始终把确保安全稳定作为首要的政治任务，以体制、机制建设为抓手，建立了 2 个工作体系和 2 项长效机制的“2+2”维稳工作格局，保持了学校稳定和谐的良好政治局面。一是强化学校维稳工作组织领导，健全维稳工作制度体系，强化“守土”职责，注重维稳实效，促进部处、学院“两翼”扎实落实维稳工作。二是完善应急预案，夯实应急管理制度流程，加强实际演练，提升应急处置能力，强化应急管理工作体系。三是积极开展矛盾纠纷源头治理，依法推进矛盾纠纷化解，做好缠访、闹访重点人员的稳控工作，用心排难、以诚解纷，健全矛盾排查化解长效机制。四是精心组建安稳信息收集报送网络，着力开展安稳信息分析研判，妥善做好敏感及重要信息的追踪处置工作，形成安稳信息管理长效机制。

2. 创建智慧校园，推进科学管理

以“平安校园”建设为契机，创建智慧校园。一是整合资源，优化功能，分三期建成一个综合值班、师生求助、视频监控、消防报警、视频会议和应急指挥“六位一体”的安全管理指挥中心。二是统筹力量，建设网格化、智能化、信息化校园安全教育管理服务平台。该平台采用最新的网络化、数字化、智能化安全检测监控管理技术对校园各类安全环境全面感知，并集检测监控、联动、应急指挥多种功能于一身，实现突发事件的“快速报警、快速响应、科学决策”。三是采用领先技术，实现对校内人、地、物、事、组织等重点防控对象和防控队伍、防控预案、防控措施的信息化管理。四是加大人员培训，优化“三防联动”，快速提升我校校园安全教育管理服务水平。

3. 完善“一网三联”，健全保障体系

以保障优质服务为目的，内部严密织网，外部多方联运，探索了“一网三联”的后勤安全管理新模式。一是区域管理上以班组为单位，横向布控 133 个网格，纵向建立“集团—部门—班组—个人”四级防控体系，促进了安全检查常态化、安全指导专业化、安全教育系统化。二是创建“5+2”联席会议，与部处机制联动，解决师生普遍关心的焦点、热点问题。三是实施学生公寓安全管理“双报制度”，与学院信息联通。有针对性地对学生在宿舍中的行为进行引导、管理和教育，主动消除宿舍安全隐患。四是共建“开放式后勤”，与学生情感联心。充分听取学生意见并及时采取相应措施，减少因后勤服务不到位产生的不稳定因素。

4. 创平安校园，无漏网之“舆”

学校高度重视校园网络舆情管理工作，将“确保校园网络舆情平稳可控，促进校园安全、和谐、稳定”作为校园网络舆情管理工作的目标，通过建立一个工作体系（校园网络舆情管理工作体系）、建设两支工作队伍（网络舆情管理教师工作队伍和网络舆情监测引导学生骨干队伍）、搭建三个网络平台（“知行论坛”网络舆情监测平台、网络舆情多媒体分析平台和网络教育引导平台）、制作四类舆情产品（报告类、扫描类、调研类舆情产品和雨虹机制平台舆情产品），确保了网络舆情“校内外、网上下全覆盖”，全面保障平安校园的创建工作。

5. 三狠抓三全面，确保基层安稳

在“平安校园”创建的实践中，探索形成了三个“狠抓”、三个“全面”的特色做法，为各学院事业发展营造安全、文明、和谐的良好氛围提供了有力保障。一是狠抓领导体制、工作体系、规章制度和条件保障等机制建设，确保工作全面推进。二是狠抓安全教育，加强舆论导向，实现师生全面覆盖。三是狠抓重点区域、重点时期、重点人群等细节管理，维护学院全面稳定。

第二节　创建平安校园是校园安全文化建设的重要体现

从校园安全文化建设的角度来看，既要重视广大师生的校园安全价值观念、精神风貌、思维方式、行为规范等软环境，同时也需要将这些安全意识、安全理念的培养与校园安全的物理环境相结合。平安校园创建工作所倡导的充分利用人防、物防和技防等多种手段，正是体现了校园安全文化“软”“硬”约束的功能。全力打造平安校园的过程也是我校安全文化不断积累、沉淀并渗透到每个组织、每位师生的过程，在这个过程中，校园安全文化的意义和作用得到了更好的诠释和理解。

一、以广大师生为根本，处处显关爱

以人为本，重视人的生命，这是中国古代就有的重要思想。《黄帝内经》中说：“天覆地载，万物悉备，莫贵于人。”意思是说人是世间最宝贵的，人的生命始终是第一位的。关爱人的生命，改善人的生存环境是人类一切活动的出发点和落脚点。安全高于一切，平安重于一切。

创建“平安校园”是落实以人为本，满足师生对“平安校园”新期待的需要。以人为本，以师生为本，就是把师生员工的生命健康和合法权益放在首位。创建“平安校园”是落实科学发展观、坚持以人为本的必要措施，是对高校积极健康、安全可靠、开拓创新的育人环境的保护。

坚持以人为本，建立和健全学校内部安全教育管理和心理健康教育长效机制，让师生远离危险，让校园平安和谐，能够使得师生内心得到长久的安宁，对于潜心做学问具有重要的现实意义，对学校办学和治学有着深

远的历史意义。创建平安校园，核心是做好“维护学校稳定”和“保障校园安全”这两个方面的工作，其最终目的是为广大师生员工服务，为教学科研服务。把广大师生员工的利益和学校建设发展的利益放在首位，保证教师安心施教、学生专心向学，管理服务顺畅运行，构建“平安交大”。

学校全面了解并掌握在学习、生活、心理等各方面存在困难的学生的情况，建立了学生事务一站式服务大厅，成立了学生综合服务的六个中心，即学生资助管理中心、心理健康教育中心、学生就业指导中心、学生学业指导中心、网络舆情中心、艺术教育中心，将解决实际问题与解决思想问题相结合，有针对性地做好帮扶工作。

学校完善对学业、生活、心理等方面有困难的学生的关怀帮扶机制。组织编制了《本科生分年级学生成长问题解答手册》和《本科生分年级学生综合素质培养指南》，出台了《北京交通大学学生上课秩序检查管理办法》，建立了学业困难学生数据库，通过开展“个体咨询”“团体辅导”“基础课学习沙龙”等活动最大限度地解决学生学业发展问题。仅 2012 年就开展英语基础课论坛讲座 11 次、数学基础课论坛讲座 13 次、朋辈交流活动 12 次，针对学习困难群体开展辅导 30 余次。基础课和专业课教师参与学业指导活动 47 人次，朋辈咨询师参与朋辈交流活动 25 人次，覆盖学生达 5 000 余人次。此外，学校还围绕“网络成瘾”“学习动力”“学业诚信”“时间管理”四个主题开展了学风建设访谈活动和学风建设辩论赛。

学校高度重视家庭经济困难学生的资助教育工作，完善家庭经济困难学生资助教育体系，关心关爱少数民族学生。设立了“思源助学金”，用来资助突发重大疾病、遭遇临时性困难的学生，资助金额达 5 000 元。注重对困难学生的能力培养，坚持每学期举办一次“勤工助学双选会”，加强上岗培训，年均为困难学生提供助学岗位 1 500 余个，发放勤工助学补助共计 500 万元，实现了“不让一名学生因家庭经济困难而辍学”的承诺。结合少数民族学生的特点，设置专门的少数民族学生勤工助学岗位，增进与少数民族学生的交流，了解学生及家庭的情况，并开展“一帮一”活动。在开斋节、古尔邦节、藏历新年等少数民族节日期间，策划组织联欢活动，学校领导、老师与少数民族学生共度佳节。2011 年学校特地联系新疆教育厅内地学生办公室，聘请了新疆老师来协助做好少数民族学生工作。

完善心理健康教育体系，保障心理咨询服务质量。学校构建了纵横立体交叉的网状心理健康教育服务体系、危机预防与干预三级预防体系，重点加强学生心理素质教育中心与院系间的工作机制建设。学生心理素质教育中心编写了教材《心理学的帮助》《心理素质的培养与训练》。“大学生心理学”被评为学校首批建设的通识类核心课程。学校积极开展心理文化活动月、心理情景剧展演等心理健康类教育活动（如图 4-5 所示），定期开展心理普查和心理排查工作，举办“阳光心理论坛”等活动，落实严重个案及时上报、及时处理、及时转介制度。加强重点和危机学生的信息库建设，加强危机预防与应对体系的工作力度。不断完善心理委员培训工作体系，对心理委员进行初级、中级和高级培训，并对培训合格的心理委员分别颁发初级、中级和高级心理委员证书。学生心理素质教育中心年均接待各类咨询 1 200 余人次，仅 2012 年就接待并处理学生危机事件 50 余起，举办“阳光心理论坛”19 期，设立 6 个团体咨询小组和 1 个心理成长工作坊，58 人得到 8～16 周的团体辅导服务，对 2012 级新生党员、心理委员、学生骨干等开展拓展训练活动近 20 次，针对 2012 届毕业生举办了两期毕业生专场活动，完成对全体 2012 级新生的心理健康普查工作，最终筛选出 285 名本科生参加了访谈，做到了心理危机的前期干预。

国际教育交流中心于 2007 年成立“聆听工作室”，专门从事留学生心理咨询工作并提供人文关怀。工作室辅导内容涵盖心理关怀、心灵陪伴、动态控制干预信心塑造和文化交流等方面。几年来通过约谈、来访、探望等方式辅导留学生超过 2 000 人次，平均 420 人次/学年，辅导时间约 2 000

小时，平均 400 小时/学年，做“聆听日志”约 25 万字，危机辅导 49 起，包括 7 起自杀及自杀倾向危机辅导，成功疏导了留学生打架、意外伤害、情感、学业危机、文化冲突等各类事件。

图 4-5　关注心理健康，预防“心灵感冒”

二、以和谐校园为目标，时时保平安

“安定有序”是和谐社会的六大基本特征之一，是建设和谐社会的重要保障。打造平安校园，构建一个安定有序、融洽祥和、职工安居乐业、学生健康成长的校园环境，是落实以人为本科学发展观的需要，也是维护学校安全稳定，构建和谐校园的重要举措。

平安校园，应是和谐的校园，是一种以和衷共济、内和外顺、稳定有序、协调发展为核心的高等教育模式；是以校园为纽带的各种教育要素的全面、自由、协调、整体优化的育人氛围；是学校教育各子系统及各要素间的协调运转、良性互动；是以学生发展、教师发展、学校发展为宗旨的整体效应；是以健康文明、安全稳定、民主法治、良好秩序为主要内容的校园环境。学校通过创建平安校园，不断建立和完善平安校园综合防控体系，实现了综合服务管理平台、综合服务管理中心及技防升级改造的功能，确保校园能够 24 小时处在综合监控中。在区域管理上以班组为单位，在全校范围内布控了纵到底、横到边的 133 个网格，在安全风险评估的基础上，选取其中的 75 个网格作为重点区域，实施重点监控。对每个网格内的设备进行每日巡检，对每个网格内的后勤职工负全面管理和教育的责任，对每个网格内的学生和老师的活动经常巡视，对突发事件及时发现、处理或上报。每个班组的班组长为该网格的安全负责人。网格与网格之间有明确的职责划分，做到职责清晰不扯皮、全面覆盖无遗漏。

校园综合防控体系（一）

➢ 技防建设：硬件建设始于 2005 年，已连续建设 7 期。现有主控室 1 个、分控室 35 个，安装摄像机 1 000 余台，覆盖率达 95%。

➢ 校园网格化管理：学校层面制定了《北京交通大学网格化管理办法》，保卫处内部制定了《进一步加强分区包片管理责任制及联系安全管理重点单位工作办法》，将校园按地域划分为三个责任区域，每区设有专人进行治安和安全管理。后勤集团以班组为单位，布控了“纵到底、横到边”的 133 个网格。

在总结“平安奥运”“平安国庆”安保工作经验的基础上，学校逐步细化了“常规”“加强”“超常”三级防控机制的划分标准和响应措施，制订相应力量配置方案，根据不同时期校园安全稳定工作需要，适时启动相应防控等级，形成了平时、战时有机结合、有效转换的安全稳定工作机制。特别是在2011年以来开展的“平安校园”创建工作中，学校以网格化管理和三级防控机制为抓手，建立“平安校园”联动管理中心、安全稳定信息动态搜集中心和网络信息管理中心，加强安全稳定信息搜集研判、三级防控、突发事件应对处置和网络管理工作，深化常态条件下与敏感时期校园防控模式，进一步强化平时、战时结合、有效转换的安全稳定工作长效机制。平时实行三级常规防控，校门管理适度从严，对出入人员和车辆进行抽查验证；加强对校园活动和场所的审批和管理；做好信息搜集和舆情判断，掌握师生思想动态。遇有重大安保任务、重大突发事件和重要敏感时期，根据上级指令启动二级加强防控，来访人员、车辆需有关单位确认后方可入校；校内严格限制举办各类大型活动，校内场所严格限制对外出租、出借。遇有特别重大突发事件和特殊敏感时期，根据上级指令启动一级超常防控，停止校内一切大型活动的举办，校园实行全封闭管理，全面加强危机应对工作。

校园综合防控体系（二）

➢ 管理服务中心：包括一个中心和一个平台，一个中心是指在学校现有监控中心的基础上建立集综合值班、师生求助、视频监控、消防报警等 6 项职能为一体的管理指挥中心；一个平台是指建设能够满足学校平安校园各方面建设需要的信息化支撑平台，包括网格化管理、应急处置、智能分析与决策、智能交通管理等功能。

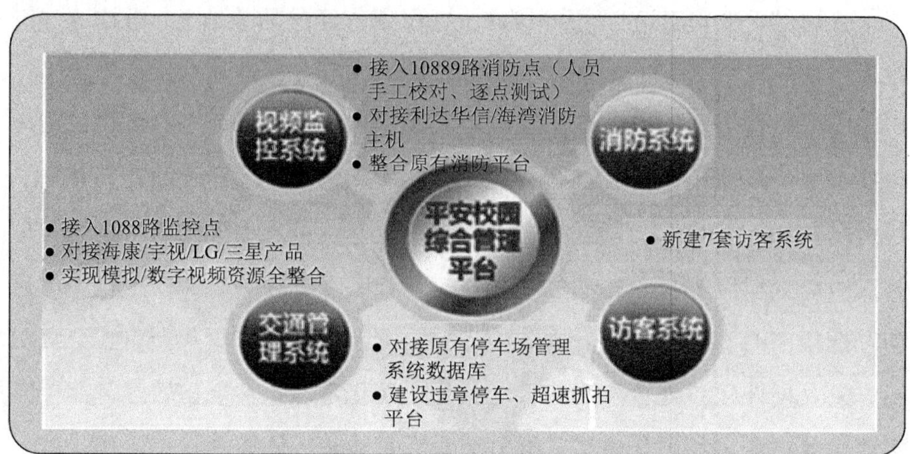

建设平安校园实现了“秩序好、发案少、学校安全、师生满意”，在建设过程中坚持以人为本，从师生的切身利益出发，做出惠及全体师生的有效举措，让师生感受到无处不在的关心与爱护，以将学校打造成为和谐校园为目标，对平安校园的内涵不断理解与落实，才能时时刻刻保障师生的平安。

第三节　良好的安全文化氛围是平安校园创建工作的保障

学校平安校园的创建工作为校园安全文化的建设积淀了丰硕的成果，这些成果还需要在今后的校园安全管理工作中持续巩固和发展。如何将学校的安全理念和安全价值观表现在校领导和行政管理人员的态度和行动中，渗透在学校的管理制度中，融入学校的整个管理实践和全体师生的行为方式中，除了需要阶段性的管理工作和技术手段外，还需要长期营造良好的安全文化氛围。通过校园安全文化的建设，影响我校各级行政管理人员和广大师生在保障自我安全和保障校园安全方面的自觉性和主动性，以文化的力量保障校园的平安和发展，让师生体会到无处不在的关爱。良好的校园安全文化氛围能对平安校园创建工作起到重要的保障作用，而这种重要性体现在校园安全文化无可替代的约束力、激励力和影响力上。

一、综合防控需要依靠文化无形的约束

在平安校园建设过程中，学校建立起了综合防控体系，通过人防、物防、技防三位一体的防控措施，为维护学校和师生员工安全、维护校园安全秩序提供了有力支撑。人防、物防顾名思义就是通过人力和物力进行安全防范，比如人员巡逻、站岗等防范措施，学校也在不断强化保卫人员队伍建设，积极提高人员素质，出台了《北京交通大学交通安全管理规定》《北京交通大学消防安全管理规定》等一系列的安全防范规章制度。随着科学技术的不断进步，这些传统的防范手段也不断融入新科技的内容。技防则是通过现代科学技术进行安全防范，比如在校园主要出入口、各教学楼主要出入口及通道安装了数字高清网络摄像机，通过准确拍摄、捕捉图像，对涉及案件可疑人员进行视频图像的捕捉，为及时发现和抓获违法犯罪人员提供了方便。三种防控措施，缺一不可，在保障校园安全稳定方面都发挥着各自的作用。

然而，这三种措施都存在局限性和不完善之处。传统的人防和物防，主要依赖于人员和制度的约束。靠人员监督的管理有时难以到位，局限性主要体现在受安保人员和安全管理人员的素质、监管水平和领导能力的限制，许多安全保卫工作仅仅停留在形式上，难以将校园安全管理工作落到实处。同时，校园安全涉及面广，安全管理人员也很难做到随时随地地管理，容易出现顾此失彼的情况。靠制度的管理，主要基于安全相关的制度来规范校园师生的行为。应该说，有了安全规章制度使得校园的安全管理工作更加规范化、条理化，使得校园安全管理有章可循、有法可依。但是安全制度不可能包罗万象，也难免百密一疏。在实际的校园安全管理中，

许多行为是难以用制度来框定的，制度在执行落实过程中有时会被人曲解，不能完全执行到位。而到了技防层面，校园安全管理工作的重点是通过提高技术手段来限制人的行为，这样使得安全约束相对稳定准确，而且相对可靠。但是单纯靠技术设备来提高安全管理水平的方法投入太大，更何况设备的安全状态是相对于人的安全意识和安全行为而言的，如果人的安全意识和安全行为达不到要求，也会导致安全的设备变成不安全的设备，安全的技术变成不安全的技术。

因此，要使综合防控充分发挥作用，还需要上升到文化管理的层次，依靠文化的渗透性，来加强安全管理工作，即基于人的安全意识的提高、人的安全理念的提升，通过安全文化建设，使有形和无形的规范同时发生作用。从靠人防、物防到技防再到文化管理，是一个从有形到无形的转变过程。校园安全问题无时不有、无处不在，贯穿于整个校园安全管理的全过程、全时空和全体师生员工之中。校园安全文化管理依靠的是一种范围、一种精神、一种共同的安全理念来影响、协调着人与人之间的关系，起到无形的引导、感化作用。通过校园安全文化建设，可以增强广大师生员工安全自保的本能意识，强化在无人监控情况下的自我安全保障能力。安全文化犹如推动校园安全的一只“看不见的手”，融“自我约束、自我控制、自我调节、自我防范”于每个人的行为之中。同时，在这种文化氛围中，管理者与被管理者之间的区别消失，减少了两者之间时常发生的人为摩擦，提高了校园安全管理的效率。

二、安全管理工作需要文化激发主观能动性

“人”是最活跃、最积极的因素，“人”是安全管理的目的和手段，安全的一切目的都是为了人，离开人任何安全管理的方法和手段都是毫无意义的。校园安全文化以广大师生为本，既注重对物的管理，也注重对人的管理，是目的与手段的结合，以精神、价值观为导向，强调师生对安全的

珍惜和重视，培养师生安全、健康的心态，激发全体师生员工的主观能动性，营造积极、健康的安全氛围。这样有利于激发师生员工共同保障校园安全的自觉性，激发安全管理的活力和创造力，形成安全管理人人有责、安全理念人人共享的积极心态，自觉规范安全行为，最终实现变压力为动力，变被动防范为主动争取安全，变“要我安全”为“我要安全”，使“安全第一”的思想真正贯穿于校园安全管理的全过程。

通过校园安全文化的激励作用，使得每位师生能够主动做出安全行为，积极投入有关安全教育的活动中去，并且有意识地去关注安全技能和安全知识等相关宣传，增强危险源的辨识能力并尽量远离，遵守校方制定的安全规章制度，在实验室、宿舍、课堂等场所避免误操作等。在激发师生积极性上，学校的工作经验如下。一是结合我校普法宣传教育，学习与高校安全相关的法律法规，增强保护自身合法权益的法律意识。二是要重视师生心理健康教育，提高心理防范意识，树立心理安全观念。学校利用现有的心理咨询服务平台，配备国家二级心理咨询师，安全保卫部门与学生处联动开展安全及心理咨询服务。引导师生正确认识和对待来自学校、社会的种种矛盾冲突，及时疏导并化解心理危机，尽力预防因心理问题可能导致的学生自杀事件的发生。三是加大安全教育的普及工作，积极开展丰富多彩的校园安全文化活动。利用学校丰富的媒体表现形式将大学生宿舍和研究生学苑公寓的安全问题、师生出行安全、社交安全及教学、科研、实验室安全、学校生产安全等专业安全知识转变为师生员工的生活常识，增强安全防范意识和安全责任意识。将安全教育课纳入必修课教学计划，让学生掌握宿舍用电安全、出行交通安全、食品安全、实验室安全、网络安全、社交安全等必备的安全知识。

三、安全教育需要文化潜移默化的影响

校园文化的影响力是通过观念文化的建设，影响全体师生对安全的正

确态度和意识，并进行正面积极的引导，使师生形成良好的安全行为习惯。文化的基本特性是具有“春风化雨、润物无声”的渗透力，会对人的灵魂产生绵绵不绝的滋养作用。学校的校园文化建设关注的是教育感化和环境影响，安全文化是从人的身心需要出发，注重爱校如家的人文精神的形成与扩散。校园文化的“教而化之”、安全文化的“文而化之”，贯穿于学校管理实践过程，又对管理的实践过程有指导作用。在全校师生中倡导“安全责任高于一切”的安全观是大势所趋。我校进行校园安全文化理念的宣传教育能够使师生将安全意识内化于安全思想，外化于安全行为。

借助于校园文化精神氛围的烘托，师生在安全价值观、学校安全目标等方面逐步达成共识，进而将校园安全文化的价值观念转化为具体的行为规范和安全制度，进行自我约束与控制。学校的师生员工在日常学习、工作、生活中受到校园安全文化的熏陶，潜移默化地提高安全素质和修养，增强安全意识；自觉学习与遵守校园安全相关的法律法规和规章制度，从而获得保护自身安全的自觉性、警惕性及保护公共财产安全的自发性和主动性。

四、校园的安全稳定需要安全文化建设的持续巩固

平安校园的创建过程中，学校已在保障校园安全稳定和提升校园安全管理工作水平方面做了大量工作，也收获了许多阶段性成果和可喜成绩，但仍然存在一些薄弱环节需要今后进一步完善，学校应以平安校园奠定的良好基础为契机，不断总结、巩固、持续推进安全管理工作。同时需要加强校园安全文化建设，既立足于当前又着眼于长远，着力实现长效、常态机制的形成。可以说校园安全文化管理这种长期、全面的管理方式有效弥补了管理过程中人员管理、制度管理和技术管理等管理方法的缺陷，通过巩固现有成果并创新安全工作手段和方式，创新校园安全管理工作的方法和机制，最终实现校园安全稳定且能持续发展的新局面。

第五章　校园安全风险预防与心理健康援助

随着我国经济发展与社会转型的逐步深入，以及教育事业的发展和教育管理体制改革的不断深化，当前高校学生所处的安全环境也在不断发生变化。为了更加有针对性地对北京交通大学校园环境中常见的安全风险和心理健康等问题进行准确的分析和把握，笔者在校园范围内进行了关于学生安全风险意识的问卷调查，来自经济管理、计算机、交通运输、电气工程等 10 个学院近 200 名在校学生填写了相关调查问卷。本章将结合调研情况，围绕北京交通大学的常见校园安全风险类型、校园安全隐患区域及校园心理健康援助等内容进行相关安全知识的分析阐述。

第一节　校园安全风险类型

通过调研，笔者发现了学生认为常见校园安全风险类型主要有治安类、交通类、运动损伤类、校园环境设施类校园安全风险及在宿舍、实验室发生的其他类校园安全风险。本节将重点分析在校园安全风险类型中所占比例较高的类型（如图 5-1 所示），涉及校园治安类、交通类、运动损伤类和校园环境设施类的校园安全风险预控知识。

一、校园治安类安全风险及预防措施

学校是国家设立的培养社会主义建设人才的事业单位，是学生学习与成长的地方。学校的治安状况直接影响我国社会主义事业的发展和学生的

切身利益，需予以重视，严肃对待。学生应学会并能使用恰当的方式防范校园内可能出现的各种意外事故，以保护个人、集体的利益不受侵害，保证校园和国家的财产不受损害。

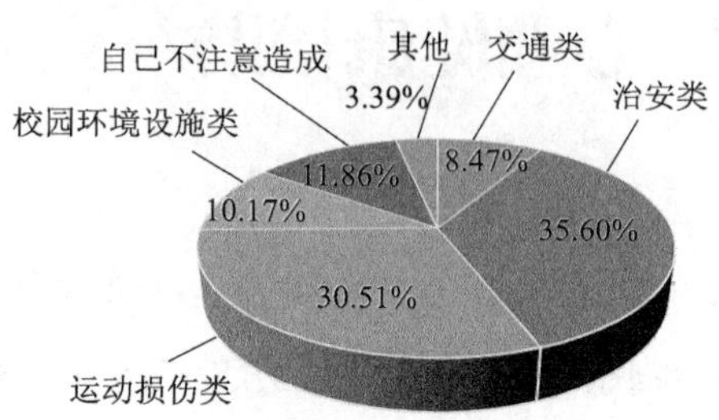

图 5-1　北京交通大学校园安全风险类型统计图

（一）校园治安类安全风险的类型及表现

当前典型校园治安类安全风险主要表现为以下几种：盗窃案件、群体性突发事件、诈骗案件、纠纷伤害案件、其他事件。

1. 盗窃案件

目前在校园内发生的形形色色案件中，尤其以盗窃案件最为突出。由于盗窃案件在各大高校频繁发生，涉及面广，已成为高校中较为突出的安全问题。因为财物被盗或担心物品被盗，消耗老师、学生大量精力，势必影响学校的教学质量，进而影响高校的稳定与长远发展。因为高校是社会状况的“晴雨表”，长此以往，势必会影响社会的安定。校园内的盗窃案件对学校的治安稳定和可持续发展，以及社会的和谐与发展都有很大的影响。

2. 群体性突发事件

群体性突发事件是社会发展到一定阶段，由于各种矛盾耦合所引起，虽然发案数量并不多，但却会造成极为恶劣的影响。因此，必须审慎对待，正确认识，细致研究，理清本质，以便在处理过程中做到恰如其分。从“两个稳定”的角度出发，群体性突发事件可分为治安隐患严重的群体性突发事件、政治隐患严重的群体性突发事件及治安和政治隐患都严重的群体性突发事件。

3. 诈骗案件

在高校中发生的诈骗案件表现类型多种多样，既有面对面的诈骗，也有网络诈骗、短信诈骗、电话诈骗等。这些种类繁多的诈骗案件都有一个共同特点，即犯罪分子利用在校学生涉世未深、比较单纯的特点，以编故事、找借口来骗取学生的信任，从而使被害学生主动交出自己的财物。此类案件产生的原因在于大部分学生是第一次走出家门离开家长的照顾到学校过集体生活，其自理能力较弱，思想较为单纯，对外界事物的辨别能力较差，容易成为犯罪分子的锁定对象。

4. 纠纷伤害案件

大学生与其他年龄阶段的成年人相比，其精力充沛，血气方刚，遇事较易冲动，同学间、甚至师生间容易发生口角，从而带来了人身伤害。在校园的日常生活中，也不乏这样的例子。例如，有的同学之间因为学习、生活中的一些琐事，针锋相对，互不相让，甚至大打出手，导致当事人身心受到严重伤害，以致被开除学籍甚至受到刑事处罚。

5. 其他事件

在当前高校校园还有一类不可忽视的事件，就是大学生的非正常死亡。这在近几年逐渐受到社会的广泛关注并成为校园的一大不稳定因素。大学生非正常死亡情形主要有以下几种：第一，遭歹徒杀害；第二，交通事故致死；第三，自杀；第四，意外死亡，如失足坠楼、运动中猝死、游泳溺亡等。发生一起学生非正常死亡事件，会给学生家庭带来无法弥补的伤痛，学校要投入大量的人力、财力进行处理，给学校正常的教学、生活秩序带来极大的干扰。

（二）校园治安类安全风险的预防措施

对于校园治安类安全风险，应该有针对性地采取相关的措施，以对其进行有效的打击和预防。具体来说，可以采取以下预防措施。

1. 加强法制教育

学校应该通过校园宣传栏、校园广播、讨论会、法律知识竞赛等方式让师生能够不断积累法律知识，培养学生的法律意识，以达到法制教育的效果，这样能有效地避免因不知法、不懂法而引发犯罪。司法机关与学校要加强联系配合，结合典型案例，开展法制宣传和警示教育，定期组织学生到法庭、监狱等参观，也可以邀请司法人士到校开展法制讲堂、讲座，把法制教育考核作为学生评优的标准之一。

2. 积极采取措施缓解学生的压力

深究根源而言，国家现有的教育制度、目前的就业形势使得学生压力骤增，因此完全消除压力属于空谈、空想，而且人必须在适当的压力下才能不断进取，因此在解决压力问题上，采取疏导的方法更为有效。根据多方的数据研究可知，多数学生缺乏承受巨大压力的能力。因此，为了引导学生正确地面对压力并适当地缓解压力，化压力为动力，学校应该积极地对他们进行心理疏导。

3. 加强学校管理

学校应走出应试教育的误区，积极加强针对学生品德、纪律方面的教育与管理。如何理解“教育”二字，其字面含义是教书、育人，但在完成传统的传授知识任务的同时，也要教导学生做人。要想从根本上杜绝学生犯罪，有效的方法就是培养学生的良好品德，加强学生的纪律意识。同时在这一过程中，老师也要完善自己的人格，达到教学相长的效果。打击和预防在校人员犯罪的责任不能集中到个别人或个别部门上，社会上的各部门、各团体都应付出努力。例如，司法机关要做到严格执法，使犯罪分子得到及时、公正的处罚，其他团体应从各自特点出发，配合学校和司法机关，对犯罪人实施教育和改造，安抚受害者，使学校犯罪的危害减到最低，使学校的正常秩序能够尽早得到有效恢复，让每一个学生都能在学校中专心学习，培养完善的人格。

4. 积极搞好社会治安综合治理

积极发挥青少年维权岗的作用，认真做好青少年犯罪这一特殊群体的帮教转化工作，特别是再次犯罪。对犯罪的在校生，通过调查走访、沟通谈心了解学生的内心世界，从而真正帮助其拥有正常生活。另外，针对学生不成熟的心理特点，积极为学生开展各种心理讲座，开设学生心理咨询室，正确引导他们对学业与兴趣、人格与性格等问题的认识。特别是对于一些性格内向、经济困难的学生要特别留意，全方位、多层次地提高学生承受和应对挫折的能力，帮助其建立和谐的校园人际关系，使其对生活充满热情，对前途充满信心。同时还要针对学校管理制度等方面存在的问题，提出建议，帮助整改；配合相关单位对学校周边环境进行执法检查，减少学校周边不安全因素，净化校园环境，真正做到预防与减少校园违法案件发生。

校园治安安全常识

1. 遵守作息制度，晚上太晚时应尽量避免单独外出，确实有事要办需外出者应结伴而行，办完事情后应及早归校。

2. 交友应谨慎，对身份不明、夸夸其谈、竭力吹嘘自己社会关系的人不要轻信，以防上当受骗。

3. 同学之间应团结、友爱、互助，行事勿冲动，相互多忍让。

4. 切勿酗酒，尤其应防止酗酒后的行为失控。

5. 出门时一定要锁好门窗，不能将不熟悉的人随便带进宿舍，更不得擅自留宿外人。

6. 妥善保管好自己的贵重物品。

7. 随身携带的书包物品等不要乱丢、乱放，以免被盗。

8. 如发现可疑人员，应尽快向宿舍管理员、保卫部门或公安机关报告。

二、校园交通类安全风险及预防措施

随着高校规模的不断扩大，校园内人流量、车流量急剧增加，各类私家轿车、摩托车、自行车越来越普遍地穿梭于其中，使得高校校园内的交通安全问题也不断凸显出来。由于校园道路建设、校园交通管理滞后于高校的发展，一般校园内道路都比较狭窄，部分交叉路口没有信号灯管制，也没有专职交通管理人员管理；校园内人员居住集中，上、下课时容易形成人流高峰等原因，致使校园交通环境日益复杂，交通事故时常发生。

（一）校园交通事故的原因

校园内发生交通事故的主要原因是思想麻痹和安全意识淡薄。许多学生刚刚离开父母和家庭，缺乏社会生活经验，头脑里交通安全意识比较淡薄，同时有的学生在思想上还存在校园内骑车和行走肯定比公路上安全的错误认识，一旦遇到意外，发生交通事故就在所难免。校园内发生交通事故的主要形式有以下几种。

1. 注意力不集中

这是最主要的原因，表现为行人在走路时边走路边看书听音乐，或者左顾右盼、心不在焉。

2. 校园内缺乏交通安全警示或限速标志

校园内道路一般没有车辆、行人分道线，交通秩序属于无序状态，学生在行车道上随意穿梭。

3. 校园内超速行驶

一般高校校园面积都比较大，宿舍与教室、图书馆等之间的距离比较远，所以许多学生购买了自行车，课间或下课时骑自行车在人海中穿行，殊不知过快的行车速度，会埋下发生交通意外的祸根。

4. 学校内部车辆管理不善

学校内部车辆在校园内行驶时，有时会因为司机责任心不强，对安全问题不加重视造成意外伤害；也有时会因为校园内行人过多，道路狭窄，从而造成刮蹭事故。

（二）校园交通事故的预防措施

1. 进一步健全校园内道路交通安全管理工作

由于校园交通事故涉及面广，社会影响大，“学校安全无小事”，各高校必须对此引起高度重视。一是要以“文明交通安全进学校”活动为平台，号召广大师生积极配合交警部门开展道路交通安全宣传“五进”活动，以争创平安校园为载体，要求广大师生文明行车、乘车、停车、行走。二是要认真做好校内交通事故预防，认真排查，全面掌握校园交通安全情况。对校内路网结构、道路状况、交通流量、校车和交通安全设施、停车泊位设施规划等方面进行深入细致的摸底排查。排查结果要建立档案，形成完整的校园道路交通管理资料，做到底数清、情况明，力求基础实、台账全。要坚持定期排查，每学期进行一次，及时掌握校园道路交通安全形势变化情况，落实针对性管理查找薄弱环节，在源头上预防校园交通事故，有效遏制校园交通事故发生，维护校园稳定。三是针对校内交通出现的新情况、新特点，管理部门要善于分析、研究、总结，细化校内管理规定，适时完善交通事故应急预案，为领导决策掌握第一手资料。四是采用技术手段，加强对危险驾驶或交通陋习的监控，并及时劝阻，如在我校实施的对于超速车辆的短信提醒。

2. 提高校园交通安全水平

学校交通管理部门要进一步加大对校园内不按警示标识行驶、逆行、超速、不按规定让行、乱停乱放等交通违法违章行为的整治力度，减少交通事故隐患。例如，我校在主要道路沿线学生上课、下课时段临时进行道路封锁以加强对交通秩序的维护。

3. 加强学生交通安全防范能力

要在交通管理部门的指导下，针对学生行为特点和校园道路交通安全实际，切实加强学生的交通安全教育。要将道路交通安全作为学生安全教育的重要内容，落实到日常教育教学工作中。要结合实际，采用专题讲座、知识竞赛、事故报告、交通手势操等生动活泼、趣味性强、参与度高的形式，增强道路交通安全宣传教育的吸引力和实效性。要针对大学生的认知能力，注意调整教学内容，增加一些实际案例，确保把道路交通法制观念和道路交通安全知识普及到每一位学生，使他们了解开车、走路、骑摩托车或自行车时应遵守的交通规则，懂得各类交通信号的含义，提高自我保护能力，自觉消除交通违法行为，减少校园交通事故。

4. 加大投入，完善校园交通设施

针对排查出的校园交通安全隐患，学校要加大资金投入，完善各类交通设施。从长远考虑，目前大学校园交通管理体制已经不能适应高校日益发展的需要，必须加强对校园机动车分流行驶和规范化停放管理，有效控制校外车辆的进出，从而达到减少校园内机动车流量、减少交通事故、创造良好的校园交通环境的目的。目前有部分高校已建立高校校园智能接触式 IC 卡感应系统计时收费的交通管理模式，校园交通秩序有了明显好转，校园交通事故明显减少。

总之，高校的交通管理工作关系到师生员工的安宁，关系到高校的安全稳定，这就要求高校交通管理者充分发挥作用，在工作中以科学发展观的要求不断学习、探索和实践，才能使高校的交通管理工作跟上时代的步伐，真正为高校的平安校园建设尽心竭力。

校园交通安全常识

行人必须遵守下列规定：

1. 须在人行道内行走，没有人行道须靠边行走。
2. 横过车行道须走人行横道。
3. 不准穿越、骑坐道口护栏。

4. 不准在道上扒车、追车、强行拦车或抛物击车。

骑自行车必须遵守下列规定：

1. 转弯前须减速慢行，向后观望、伸手示意，不准突然猛拐。

2. 不准双手离把，攀附其他车辆或手中持物。

3. 不准牵引车辆或被其他车辆牵引。

4. 不准扶身并行、相互追逐或曲折竞驶。

三、校园运动损伤类安全风险及预防措施

运动损伤是指在体育运动过程中所发生的损伤。运动损伤与一般的日常生活中的损伤有所不同，它与运动项目、技术动作有密切的关系。在高校体育教学和体育运动中，由于有的体育教师引导管理措施不到位，或有的学生自我保护意识薄弱出现了运动损伤的情况。这不仅会直接影响到学生体育课堂学习目标的顺利实现，对学生在其余时间的学习生活也会带来很多的不便，所以无论是体育教师、学生都要重视运动损伤的预防工作。

（一）校园运动损伤的表现形式

随着学生参加体育活动的增多，运动损伤类安全风险也伴随而来。当代大学生身体正处于一个黄金阶段，身体各项生理机能都已经发育成熟，身体形态也基本发育完成。但是，由于受到很多因素（如内分泌系统产生的荷尔蒙等激素）的影响，会使他们拥有一个好动、活泼、不惧危险的心态。也正是由于这样，他们才会在体育运动中，得到疯狂的释放。当他们在体育运动正酣的时候，很少会注意到运动风险事件，如运动损伤、运动中的休克，另外还有中暑及心血管的病变等。具体而言，校园体育运动中常见的运动损伤主要有以下几种。

1. 踝关节扭伤

踝关节扭伤是体育运动中最常见的一种关节韧带损伤，在篮球、足球、跳远、跳高、溜冰等运动中容易造成踝关节扭伤。踝关节的准备活动未充分做好、跑跳时用力过猛、落地的姿势不当、地面不平都是造成踝关节扭伤的原因。

2. 肌肉拉伤

肌肉主动强烈地收缩或被动过度地拉长所造成的肌肉细微损伤、肌肉部分撕裂或完全断裂，称为肌肉拉伤，这也是最常见的运动损伤之一。这在引体向上或仰卧起坐练习时容易发生。肌肉拉伤后，拉伤部位剧痛，用手可摸到肌肉紧张形成的索条状硬块，触疼明显，局部肿胀或皮下出血，活动明显受到限制。

3. 关节韧带损伤

关节韧带损伤，是身体某一部位的关节内外侧韧带受到不同程度的伤害而造成的损伤。部分损伤时称为捩伤，完全断裂时可撕脱其附着部位的骨质，甚至引起半脱位或全脱位。其临床表现为局部肿痛、压痛或关节不稳定，向暴力方向牵拉时疼痛加剧。

4. 骨折

常见的骨折分为两种：一种是皮肤不破，没有伤口，断骨不与外界相通，称为闭合性骨折；另一种是骨头的尖端穿过皮肤，有伤口与外界相通，称为开放性骨折。对开放性骨折，不可用手回纳，以免引起骨髓炎，应用消毒纱布对伤口做初步包扎，止血后，再用平木板固定送医院处理。骨折后肢体不稳定，容易移动，会加重损伤和剧烈疼痛，可找木板、塑料板等将肢体骨折部位的上下两个关节固定起来。如一时找不到固定的材料，骨折在上肢者，可屈曲肘关节固定于躯干上；骨折在下肢者，可伸直腿足，固定于对侧的肢体上。怀疑脊柱骨折者，需平卧在门板或担架上，躯干四周用衣服、被单等垫好，以免移动，不能抬伤者头部，这样会引起伤者脊髓损伤或发生截瘫。昏迷者应俯卧，头转向一侧，以免呕吐时将呕吐物吸入肺内。怀疑颈椎骨折者，需要在头颈两侧放置枕头或扶持患者头颈部，不使其在运输途中发生晃动。

5. 脱臼

脱臼即关节脱位。一旦发生脱臼，应叮嘱病人保持安静、不要活动，更不可揉搓脱臼部位。如脱臼部位在肩部，可把患者肘部弯成直角，再用三角巾把前臂和肘部托起，挂在颈上，再送往医院。如脱臼部位在髋部，则应立即让病人躺在软卧上送往医院。

6. 挫伤

挫伤是由于身体局部受到钝器打击而引起的组织损伤。关节、胸壁、骨盆部和腰荐部等为多发部位。挫伤临床症状差别很大：轻度挫伤一般为毛细血管溢血，毛细淋巴管流出的淋巴液积聚于肌肉和结缔组织之间，造成肿胀，疼痛明显；重度挫伤则可引起血肿甚至休克。

（二）校园运动损伤类安全风险的预防措施

1. 重视思想教育，提高安全意识

学生与体育教师要在思想上对运动安全予以重视，以增进学生的身心健康为目的，认真贯彻以预防为主的方针来开展体育教学。加强对学生进行相关的教育活动，加强基本安全技能的传授，让学生了解体育与健康的基本知识及各体育项目的注意事项和竞赛规则，了解场地、器材的特点和保护他人与自我保护的方法。在体育训练和比赛中，教师要克服麻痹思想，认真贯彻以预防为主的方针，常与学生沟通，做好体育锻炼宣传工作，使学生加强安全意识和责任感。

2. 合理安排教学、训练和比赛

教师要根据学生的年龄、性别、健康状况和运动技术水平，认真研究教材，估计哪些动作不易掌握和哪些技术动作容易引发损伤，做到教学时心中有数。还要合理安排运动负荷，尤其要注意运动器官的局部负担量和伤后体育活动的安排，避免单一训练方法，防止引起局部负担量过大。年轻人即使身体出现疲劳时，仍表现出对体育活动强烈的愿望和浓厚的兴趣，对此要适当加以调整或抑制，要遵守循序渐进、个别对待等教学训练原则，运动负荷要逐渐增加。同时，在学习新动作时，要注意正确示范，做到从易到难、从简到繁、从分解动作到完整动作的教学。

3. 认真做好准备活动

剧烈运动前要认真做好准备活动，准备活动内容既要根据教学训练和比赛内容而定，还要根据学生特点、气候条件和教学训练或比赛情况而定，一般认为，兴奋性较低、锻炼基础或训练水平较高、运动持续时间较短或天气寒冷时，准备活动的强度可稍大些；相反，对锻炼基础差的学生在运动持续时间长或天气炎热时，准备活动的强度宜小些，时间应短些。已伤部位的准备活动要谨慎小心，全套准备活动要循序渐进。准备活动的量以身体感到发热、微微出汗为宜。

4. 加强易伤部位的训练

循序渐进地加强易伤部位或相对较弱部位的训练，提高它们的功能，是预防运动损伤的一个积极手段。例如，为防止髌骨劳损，可采用“站桩”方法以增强股四头肌和髌骨功能；为了预防腰部损伤，除加强腰背肌训练外，还应加强腹肌力量训练，有助于防止脊柱过伸而造成的腰部损伤；为了预防股后肌群拉伤，要加强股后肌群的力量和伸展性练习等。

5. 加强保护和自我保护

加强保护在器械体操练习过程中十分重要，因为器械体操是一项复杂多变、空中动作较多的项目，很容易发生技术错误或失手（足）跌下。尤其是肌肉力量弱，判断和控制能力差的人群，他们在学习新动作时，都应有人保护和帮助。每个参加体育锻炼的人都应该掌握自我保护方法。例如，身体失去平衡时，要立即向前或向后跨出一步，以保持身体平衡；当快要跌倒时，应立即低头、屈肘团身、顺势翻滚，不可直臂撑地；从高处跳下时，要用前脚掌先着地后屈膝以增强缓冲作用等。

6. 加强保健指导

对学生要定期进行体格检查。对患有各种慢性病的学生，更要加强医学观察和定期或不定期的检查。对伤病患者或身体有疾病的学生，要禁止他们参加剧烈运动或比赛。

校园常见运动损伤处置常识

1. 皮肤表面擦伤：一般只要涂上红药水即可自愈，如果伤口有较多渗血或伤口较脏，应及时到医院就医。

2. 鼻出血：一般为鼻部受外力撞击而出血，让受伤者坐下头后仰，鼻孔用清洁的纱布堵住，同时用冷毛巾敷在前额和鼻梁上即可止血。

3. 扭伤：减少关节活动，并把受伤肢体抬高，用冷毛巾冷敷，可减轻出血疼痛。

4. 脱臼：先冷敷患处，扎上绷带，保持关节固定不动，不可乱伸乱扭，再到医院矫治。

5. 骨折：首先应防止休克，注意保暖，止血止痛，然后包扎固定，送医院治疗。

四、校园环境设施类安全风险及预防措施

随着高校发展而引发的新建、扩建和改建项目，校园公共空间环境也日益呈现新面貌、新气象。然而，这些投入大量人力、物力打造的校园公共空间环境却存在诸多不合理因素，其中尤以景观设计不合理产生的安全问题最为突出。

（一）校园环境设施类风险的表现形式

校园公共空间又称开放空间或开敞空间，主要指校园建筑所构成的外部空间系统，包括校园中的自然环境空间（如山、湖、河、旷地等）、广场、道路、绿地及其他休闲空间等。校园公共空间是师生学习、休憩、运动、娱乐的活动场所。校园公共空间环境的景观设计宗旨应做到以人为本，所以设计应首先满足人类最基本的需求——安全。从危险隐患存在可能性的程度上看，校园公共空间环境危险性因素主要可从道路、铺装、公共设施、水景和植物等方面确定校园道路的危险性。

1. 校园道路的危险性

校园道路是构成校园公共空间的基本骨架，联系着校园的各个功能区域。校园道路不同于城市道路，多是以人员通行为其主要功能，以步行和非机动车为主，混合部分机动车出行，最大限度地保障人出行的安全性是其首要问题。校园道路设置中潜存的危险隐患如下。

（1）道路交叉口没有足够的缓冲空间进行集散。

（2）在步行空间和非机动车与机动车空间之间缺少必要的隔离设施或高度差将其空间进行划分。

（3）校门口、各教学楼入口道路处集散空间小，无足够缓冲空间，人流量集中时过于拥挤。

（4）特定时期、特定时间段道路空间人流量过于集中，如迎新生、上

下课等。

（5）校园车辆过多，占用道路作为停车场，使道路变窄，形成一定的危险隐患。

（6）步行空间没有明令禁止机动车行驶，或者步行空间与机动车车道距离过近，容易因为车辆速度过快从而碰撞步行空间的行人，或擦伤行人，造成危险。

（7）步行空间与机动车和非机动车车道混用，因人群在其中穿梭阻碍了相互视线，极易引起交通事故的发生。

2. 公共空间铺装的危险性

随着科学技术提高，铺装材料不断地推陈出新，设置形式也日益丰富多样。 然而，景观设计过于追求艺术美感，导致铺装设计“中看不中用”。在校园道路、广场铺装设置中因铺装设计不合理而潜存的危害性具体表现如下。

（1）因材质选择不合理及施工粗糙使路面塌陷、凹凸不平而引起摔倒、碰撞伤人。

（2）大面积应用同材质的高光材料使人产生头晕、恶心，影响健康。

（3）应用抗损性和耐腐蚀能力较差的铺装材料，因寿命期短又缺乏有效养护，容易出现破裂、腐蚀等现象，造成人员伤亡事故发生。

（4）在公共空间铺装中大量应用抛光花岗岩之类的材质，这些材质在雨天时表面非常湿滑，易使行人跌倒摔伤。

（5）高低落差设置台阶，只采用一级台阶，一般不易引人注意，容易踩空摔跤。

（6）草地上设置步石，石块表面不平整或中间凹陷，石块间有空隙则会造成积水，石块间距不符合常人脚步跨距要求（通常不大于 60 cm），步石设置过高（通常不宜高出草坪地面 6～7 cm），影响行走和安全。

（7）校园一些主要道路采用石板路或草地砖铺地，易致使穿高跟鞋的女士穿行时崴脚、擦伤。

（8）有些场地铺设石材面层由于过分追求垂直方向上的效果而采用严重凹凸不平的材质，大大增加了行人的危险。

（9）斜坡和排水坡无论在干燥或潮湿的条件下都不应太陡太滑，以免行人在突然遇到紧急情况或在黑暗时发生危险。

3. 校园公共设施的危险性

校园公共设施是校园公共空间构成中不可或缺的主要元素，最能体现校园品味和文化内涵。然而，公共设施设置仍存在较多不安全因素。

（1）公共设施选址过于偏僻，使用频率过低，极易生锈或者布满灰尘，影响使用者健康。

（2）公共设施设置过大或过小的尺度，或采用不合适的材质，人在使用时易产生不舒适的感觉。

（3）公共设施未设置解说牌或未设置正确使用方法的解说牌，致使使用者错误操作，造成事故。

（4）公共设施虽未损坏但存在安全隐患，或者损坏未及时修理，易造成坠落、摔伤等事故发生。

（5）许多校园环境小品棱面过于尖锐也极易造成事故发生。

4. 水景设置不当引起的危险性

水景是校园景观的活跃因子，可形成公共空间主景，常以喷泉、水池等形式出现，设置不当时极易造成危险事故。

（1）水景有一定深度，水岸边缘垂直切下去，不小心坠落时易导致溺水事件。

（2）水边未设置护栏，不小心或灯光弱时易造成坠水事件。

（3）伸入水中的台阶长有青苔，容易使人滑落水中。

（4）水中垃圾未及时清理，易造成视觉污染。

（5）水中放养鱼类、种植莲蓬等易致使学生下水捕捉或采摘，造成事故。

（6）非循环的死水未定时换水，未定时放干暴晒，致使水质变味，滋生病菌，影响健康。

5. 植物配置不当引起的危险性

植物是园林景观中最重要的因素之一，也是校园公共空间的衣饰。然而，不合理选择和配置校园植物也会造成诸多不安全因素。

（1）种植植物时大面积采用释放挥发性物质的植物，如油松、珍珠梅等，虽然香气扑鼻，但对人类身体健康尤其对花粉过敏者造成严重威胁。

（2）大面积种植具有大量花粉的植物，花粉季节，学生不得不全身武装在校园行走，饱受花粉折磨。

（3） 有些植物距离建筑过近，台风或大风季节撞击建筑，引起破坏和损伤。

（4）有些植物种植在未设置栏杆或警示牌的高地边缘，且植物生长高度高于边缘地面，这样使陡坎具有视觉隐蔽性，极易让人误以为周边仍是平地，导致踩空事故。

（5）有的学生宿舍楼前种植与人等高且枝条伸展的植物，如美丽针葵，既不遮阳光，枝叶又占用使用空间，人不得已碰上枝条，会引起瘙痒等不舒适的感觉。

（6）校园内林木种植过于浓密，植物围合的私密空间位置过于偏僻，导致人身危害事故。

在景观设计中应对植物进行合理选择与配置，以减少因为设计不当而造成不必要事故的发生。

（二）校园环境设施类风险的预防措施

校园公共空间环境存在诸多危险性，通过对危险源的辨识，校园环境管理者们可从工程措施、管理措施、教育措施等方面提高安全意识，做好安全防范，将校园公共空间环境的危险隐患尽可能降至最低值，以保障全校师生员工使用校园公共空间环境的安全问题。

1. 工程措施

采用必要的工程措施强化校园公共空间环境的安全管理，如定时检修和维护公共空间中的环境设备，避免因老化或者损坏造成事故；危险地段，设置警示牌或护栏，尽量避免危害发生；存在危险隐患地段，采用工程措施及时消除危险，避免意外事故发生。

2. 管理措施

在校园公共空间环境设计方案选择和确定校园设计方案时，应综合比较不同方案的公共空间环境安全性，取长补短，力求在设计阶段将公共空间危险性降至最低点；在校园日常管理方面，由专人负责环境安全管理。定期对公共空间环境进行查勘鉴定，发现公共空间环境中的危险隐患应立即采取措施，同时向上级报告，争取尽快彻底解除危险及隐患。同时应鼓励公众参与，提高师生可参与性，这样不但有利于提高决策的民主化与科学化，提高师生对校园公共空间安全的责任心和关爱程度，更能促进校园空间环境安全管理的细节设置到位。公众参与的途径如下。

（1）设置多处校园公共空间环境安全意见箱，结合电子邮箱，广泛征集校园师生意见，以掌握现有校园公共空间存在的危险隐患。

（2）校园设计方案向公众公示，设置征集校园公共空间环境安全的意见箱和电子邮箱，公示后邀请师生代表参加座谈会，征集意见。

（3）对师生提出的有价值的参与意见，应充分予以考虑和采纳，其中对有一定价值的意见，可以有一定的物质或精神奖励。

（4）调查建成后的使用意见，对设计不合理的地方及时做出修改。公众参与有必要成为校园公共空间环境安全一个必不可少的制度化环节。

3. 教育措施

利用高校传播知识的便利条件，可开设与校园公共空间环境安全相关的专题讲座、校选课、部分专业的选修课，教育学生辨识校园公共空间环境的危险性，提高公共空间环境安全意识，做好公共空间环境安全防范。

第二节　校园安全隐患区域

安全的校园环境既是高校正常教学、科研工作顺利进行的有力保证，也是确保学校和师生人身、财产安全的一个重要因素。为贯彻“平安校园”的精神，保证校园安全，确保师生了解校园内各种常见的安全隐患尤为重要。通过对北京交通大学校园安全隐患的调查工作，对北京交通大学校园内存在的安全隐患分布情况做具体的说明，帮助学生了解身边的安全隐患，时刻注意这些可能导致危害的不安全因素，保证人身安全。

一、校园安全隐患区域概述

（一）校园安全隐患区域分布情况

北京交通大学校园安全隐患的主要类型大致分为火灾隐患、触电隐患、拥挤踩踏隐患、其他隐患。根据对北京交通大学安全隐患的调查结果，几类校园安全隐患主要分布区域为学生宿舍、教学楼、实验室、食堂、体育运动场所、图书馆、明湖、家属区（如图 5-2 所示）。

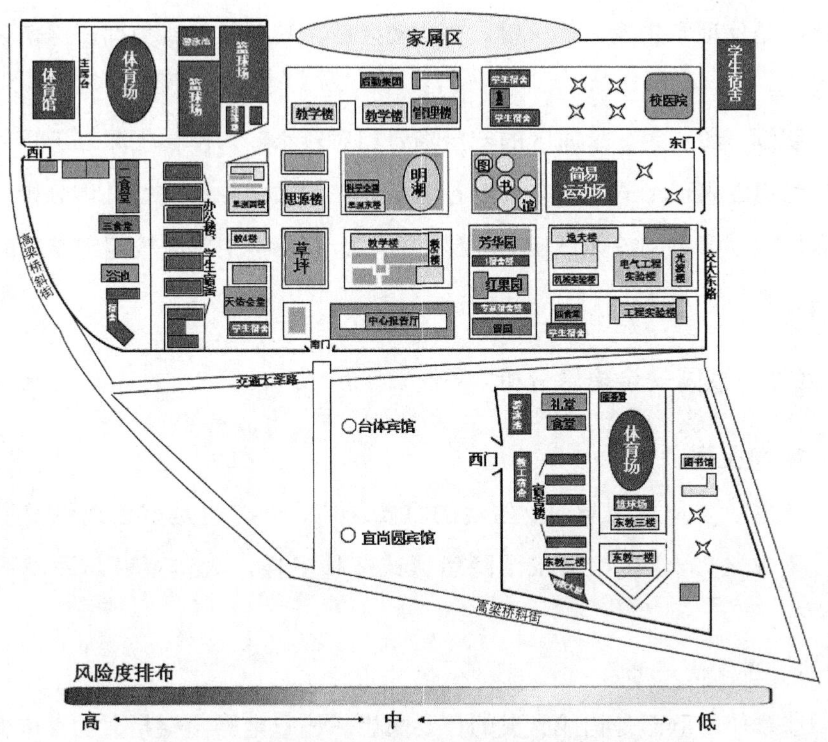

图 5-2　北京交通大学校园安全隐患区域分布情况

学生宿舍和体育运动场存在安全隐患的风险度最高，其中存在的安全隐患也是最让学生感到担忧的。学生宿舍是学生主要的生活区域，学生宿舍安全密切关系到学生利益。近年来有关于学生宿舍事故的报道层出不穷，并伴随着严重的人身危害和负面的社会影响力，这也引起了北京交通大学各方对于学生宿舍安全的重视和关注。另外，北京交通大学师生参加体育运动的热情高涨，参与体育运动的人数多也就意味着对于体育设施的可靠性和运动人员的自我保护意识要求更高。

食堂、实验室、教学楼暴露出的安全隐患居于其后。由于食品安全越来越受到社会的关注，作为学生一日三餐的主要地点，食堂的食品质量和卫生的保证是学校工作的重中之重。而实验室作为高等院校的基础设施之一，是培养学生实际操作能力和知识拓展的重要区域，安全操作规程的有效落实是保证学生安全的关键。教学楼区域尤其要注意避免拥挤踩踏事故的发生。

明湖、图书馆、家属区的安全隐患相对较小，为使学生深入了解各个区域隐患的表现形式，有必要对各区域存在的安全隐患进行具体分析，同时在风险程度不同的区域应有明显的标识，并使学生熟悉校园中常见的标识的含义。

（二）校园安全隐患分析

1. 学生宿舍

学生宿舍是学生学习、生活的重要场所，同时也是因违纪引发事故的“重灾区”。学生宿舍安全隐患形式多种多样，大体可以归为以下几个方面。

1）违章使用电器

违章使用电器是构成火灾的首要隐患。违章电器主要指大功率电器，如电炉、电暖器、热得快、电热杯等，由于学生宿舍的供电线路和设备是按照普通照明用电设计的，在人员密集区中使用大功率电器，使本来设计负荷小的线路和设备承载着超大负荷，易引起线路设备着火。另外，在使用大功率电器时，由于通电后遗忘或放置不当等原因，引燃附近的易燃物，也很容易造成火灾。

2）违章使用明火

使用明火主要是指点蜡烛，使用酒精炉、煤油炉、汽油炉，吸烟，在宿舍里焚烧杂物等。宿舍内所配置的物品多为木质结构，放置的物品又多是学生的被褥、书本等易燃物，稍有不慎都可能引发火灾。例如，在宿舍里经常有学生把点着的烟、蜡烛放在书桌、箱子等易燃物上，人离开时烟头、蜡烛被风吹落，引燃易燃物而发生火灾。

3）私拉乱接电源线

目前小家电尤其是计算机的使用十分普及。同学们为了使用方便，在宿舍内私拉电线、乱接插座。电线经常被拖来拖去，造成绝缘层损坏，接头松动，极易造成线路短路或因接触不良发热而起火。

4）使用劣质和超期的电器

学生在购买电器时，往往认为自己不经常使用或因贪图便宜，就购买那些劣质电器。这些电器由于设计简单，电子元件老化，安全性能差，使用时极易漏电和短路，引起火灾，对使用者造成人身和财产的损害。

2. 教学楼

由于目前教学楼多媒体教学设备的使用广泛，加上其他电器设备，用电负荷高，用电线路超负荷运行和短路现象随时都有可能发生。教学楼内部装修所用材料，大多是可燃材料，有的甚至因纤维、泡沫、布条等易燃材料作为隔音的填充材料，一旦因电器原因发生火灾，不仅火势蔓延迅速，而且会产生大量的有毒气体，直接威胁师生生命安全。

另外，上下课期间楼梯上的人员密度较大，楼道宽度不足，部分教学楼如逸夫楼的楼道照明亮度较低，再加上部分学生为了赶时间上课往往奔跑上楼，一旦发生学生间的推挤或上行人流与下行人流相互冲突，很容易导致拥挤踩踏事故的发生。

3. 实验室

实验室里有很多易燃、易爆物质或其混合物，由于学生的专业知识储备还不够充分，安全意识较为薄弱，在误操作或违规操作的情况下，可能导致化学试剂突破临界点发生爆炸，并进一步与周围环境中的其他化学品发生接触，引发二次灾害。所以实验室是预防火险的重点单位。

此外，实验室的很多化学试剂如强酸、强碱，具有很强的腐蚀性，若没有做好完备的防护措施，可能会溅到学生皮肤或眼睛上，造成意外事故。

实验室使用的化学药品很多都有一定的毒性。实验室安全防护还需要强调的是慢性毒害，因为慢性毒害一般不太会引起重视，最难预防。经常接触化学实验的学生若没有做好规范的安全防护措施，当慢性毒害积累到一定程度后，可能出现失眠、易怒、记忆力减退、情绪失常等现象。

4. 体育运动场所

体育运动场所是北京交通大学学生课余活动的主要场所之一，在课余时间往往聚集了很多学生开展各项体育活动。大学生积极参加锻炼是有利于身体健康的，但是激烈的运动往往潜伏着让身体受到损伤的隐患，再加上学生的自我保护意识不强、设施设备的固定与否并未定期检查，上述原因使体育运动场所存在需要引起学生注意的安全问题。

体育设施是否安装牢固关系到学生运动的安全。在以往的校园事故案例中，不难发现许多事故都是由于体育设施设备检查不规范或在长时间使用后未进行维护、更换，导致学生与设备接触的过程中身体失去重心，发生意外事故。由于北京交通大学学生对于体育运动具有浓厚的兴趣和极高的参与度，所以设施设备在长时间、大负荷的使用过程中磨损较为严重，需要投入大量人力、物力维护设施设备的安全运行。

运动受伤也是常见的体育运动场所伤害。一方面，由于运动本身负荷较大、身体冲突较多，如篮球、足球，容易因为运动量过大或运动纠纷等原因产生伤害。另一方面，在下午到夜间，操场上来自周围居民区的儿童较多，儿童横冲直撞不辨方向，易与运动中的学生发生冲撞受到伤害。

5. 明湖

明湖作为北京交通大学的标志性区域之一，吸引了很多在校学生课余时间前往湖边散步，作为学生聚集的区域，其中存在的安全隐患有必要引起注意。明湖的安全设施不够健全，沿湖周围并无防护栏，若学生因脚底打滑或嬉戏打闹可能不慎掉落湖中造成人身伤害。冬天在湖面结冰的时候，经常会有学生或周边的儿童，在完全忽视湖边的警示标识，同时缺乏管理人员制止的情况下，到冰面上玩耍。

6. 家属区

家属区位于主校区，临近北京交通大学东门。它的安全隐患首先来自于区域位置的设置，由于直接临街建设，而靠近北京交通大学东门的道路交通复杂，上年纪的老人和稚嫩的儿童不能很好地适应快速复杂的交通道路，而小区居民、学生人流、汽车流混行的局面易造成交通事故的发生。另外，由于家属区外来人员流动复杂，为抢劫、盗窃等事件的发生增加了可能性。

7. 食堂

食堂作为学生聚集的主要场所之一，保证安全是第一位的。北京交通大学食堂存在的安全问题如下。

（1）食堂人员较多、地面湿滑，学生容易在湿滑地面上摔倒，另外在上下楼段可能引发拥挤踩踏事故。

（2）部分学生反映学校食堂的餐具清洗不到位或未进行消毒，这也为饮食安全埋下了隐患。

8. 图书馆

图书馆首先需要注意的是防水、防火、防盗等安全问题。由于图书馆储存的大量纸质文献资料非常易燃，吸烟、用电不当、电器周围存放易燃物品、人为携带火种、电线老化短路等都可能引发火灾。其次，作为现代图书馆的主要设备——计算机普遍存在着电磁辐射、静电现象，会对人体产生一定的危害。图书馆的入口设置了门禁，虽然在防止外来人员进入图书馆方面起到了很大的作用，但是同时也为紧急疏散埋下了安全隐患。

二、常见校园安全隐患的防控

对常见校园安全隐患的防控工作首先是预防安全隐患演变为灾害，其次是控制已有灾害影响的进一步扩大。做好校园安全隐患防控工作不单是学校管理者的责任，也是师生个人及社会相关成员的责任。及时消除校园安全隐患、防止校园安全隐患成灾是保证校园安全的重中之重。

（一）触电的防控

用电过程具有潜在的危险性，只有掌握了用电的基本规律，懂得了用电的基本常识，按操作规程办事，才能做到安全用电，否则，会造成意想不到的危险。出现用电危险的原因包括：电器使用违规、电器物品堆放杂乱、缺乏用电安全常识、乱拉乱接电线、电器线路老化等。因此，要将安全用电行为的教育管理工作列入学生日常安全教育范畴，定期采用各种形式对学生进行安全用电教育，努力做到以下几点。

（1）爱护用电设施，如发现电线损坏、裸露、漏电等现象，应及时报告后勤或者相关老师，等待相关人员的维修。

（2）离开宿舍应及时关闭相应电源，不得让电器长时间处于通电或待机状态，要养成节约用电的良好习惯。

（3）不得在宿舍内、走廊、卫生间、洗漱间、储藏室等处私自拆、接电源线，不得私自安装灯头、插座，不得擅自增设宿舍内的供电设施及供电线路，不得破坏宿舍楼内的供电线槽和供电电缆，不得拆修配电设施等。

（4）不得在宿舍内使用热得快、电炉、电热锅、电饭煲等大功率的电加热和电饮器具。

（5）不得在灯具上拴蚊帐、晾晒衣物、悬挂装饰物；禁止将电线缠绕在床头，在电器上悬挂、覆盖饰品等易燃物品。使用蜡烛或蚊香等时应置于安全的位置，以免发生危险。

（6）发现有人触电要设法及时切断电源；或者用干燥的木棍等物品将触电者与带电的电器分开，不要用手去直接救人；如果不了解情况，应呼叫他人相助，不要自己处理，以防触电。

另外，学生宿舍管理部门应该对学生宿舍安全用电情况采取不定期检查制度，检查内容包括：公共电器设施是否完好，普通电器的使用情况，是否存在擅自拉电线的现象；是否存在其他用电安全隐患。

防触电安全常识

1. 发现绝缘层损坏的电线、灯头开关、插座等要及时报告，请专人检修，切勿乱动。

2. 万一遇到由电气设备引起的火灾，要迅速切断电源，然后再灭火。

3. 发现有人触电时，要先使触电者尽快脱离电源，再采取其他抢救措施。

4. 远离高压带电体，不要用湿手、湿布擦拭电器外壳，更不要在电线上晾衣服或悬挂物体。

（二）火灾的防控

消防工作方针以“预防为主，防消结合”，首先强调对火灾的预防。所谓“隐患险于明火”“防范胜于救灾”，就是要求人们做到以预防为主。既然“隐患险于明火”，那么就要努力及早发现隐患，把隐患解决在火灾发生之前；既然“防范胜于救灾”，那么就要加强防范，做好预防工作。通过近年来高校发生的火灾和对北京交通大学安全重点部位的检查及其存在隐患的分析，火灾的发生主要有以下几个方面的因素。

（1）安全措施不落实和违反实验操作规程是实验室发生火灾的主要原因。

（2）电器原因是引发电教中心和计算机中心等区域发生火灾的主要原因。

（3）宿舍、公寓、图书馆等建筑耐火等级低，安全通道设计不合理。

（4）消防安全意识差，违反用火、用电规定是学生公寓发生火灾的主要原因。

在预防校园火灾安全隐患方面可采取如下措施。

1. 加强消防法规和防火知识宣传

新生入学时要进行安全教育、节假日也要集中学习，不同季节进行重点教育，使消防宣传做到经常化；组织职工观看火灾纪实、开展消防知识竞赛等多种形式的宣传活动，消防宣传内容多样化。通过宣传使师生员工充分认识火灾对学校发展、自身利益、人身安全造成的危害，吸取重大和特大火灾的惨痛教训，了解并掌握防火的有关知识。若有条件还可以将消防安全与其他如治安、交通等安全工作作为学生的一门必修课，重点对学生进行安全教育，使学生牢固树立安全意识。同时对特殊岗位人员、外来打工人员进行重点教育，持安全证上岗。

2. 加强消防管理，确定重点防火部位

（1）针对校园人员多、精密仪器多、三级建筑多、图书珍贵标本多等特点，在消防安全管理工作中，首先应根据现场实际情况，如人员聚集、贵重物品集中，发生火灾影响大、损失大，存在火险安全隐患等特点确定消防安全的重点部位，明确防火责任人，建立健全各项防火管理制度。

（2）保障人员聚集场所安全出口畅通，安全标志明显，严禁堵塞、占用安全疏散通道。

（3）加强易燃、易爆等危险品登记注册，加强危险品储存、使用等环节的管理工作。

（4）对学校举办的集会、晚会等大型活动，必须报上级公安机关审批，做好应急预案工作，经检查合格方可举办。

（5）配齐各部位的灭火设备，要求师生员工会使用灭火设备。

3. 开展安全检查，加大处罚力度

防火工作是一项经常性的工作，若想确保学校安全，在日常工作中，必须做到警钟长鸣，加强防火检查、巡视，通过检查，能够及时掌握高校各部位防火工作开展的情况，岗位人员用火、用电有无违章情况，安全出口疏散通道是否畅通，安全提示、消防器材是否完整好用，重点防火部位人员及制度执行情况等。通过检查，及时制止违章，及时发现隐患，及时进行整改，确实达到“防范胜于救灾”的目的。防火检查要坚持自检自查与学校及上级消防安全机关检查相结合，普查与重点抽查相结合，注重检查实效，发现情况认真落实整改，对违规违法行为从重处罚。

4. 层层落实消防安全责任

“防火安全、人人有责”，高校消防工作不是某个人、某个部门的工作，它是每位师生员工应尽的责任与义务。要建立健全防火安全责任制，防火工作“谁主管、谁负责”，因此必须领导重视，从领导抓起，领导要有较高的防火意识和责任感，通过领导在落实防火责任制中思想与行动上的表率作用来影响师生员工。要逐级签订防火安全责任书，实施防火责任分流，从校级、院系等中层单位到教研室、班级、班组等基层单位，做到横向到边，纵向到底，直至落实到房间，责任明确到个人。落实防火责任制要与建立完善的规章制度相适应，这就是说高校要建立健全各项规章制度，各院系、各部门都要认真落实，并根据实际情况制定本单位的操作规程和管理办法。

5. 加大经费投入，改善消防设施

消防设施和设备的配备率和完好率，是衡量高校消防安全工作开展好坏的一个重要标准。新科技的运用，群体相对的高度集中，消防意识的相对弱化和知识的相对缺乏，对高科技消防设施和设备提出了较高的要求。

（1）作为高校管理部门，要及时对消防投入和整改所需要的资金进行核算，并针对隐患列出整改计划，将经费列入学校经费开支的总预算中，

设立消防专项基金，不断改善消防装备条件，有计划地消除火灾隐患。

（2）对于消防设施和设备的管理和维护保养，要建立专人专门的管理制度，改善消防器材的存放条件，确保使用寿命的延长。

火场逃生十三诀

第一诀：逃生预演，临危不乱。第二诀：熟悉环境，暗记出口。

第三诀：通道出口，畅通无阻。第四诀：扑灭小火，惠及他人。

第五诀：明辨方向，迅速撤离。第六诀：不入险地，不贪财物。

第七诀：简易防护，蒙鼻匍匐。第八诀：善用通道，莫入电梯。

第九诀：缓降逃生，滑绳自救。

第十诀：避难场所，固守待援。

第十一诀：缓晃轻抛，寻求救助。

第十二诀：火已及身，切勿惊跑。

第十三诀：跳楼有术，虽损求生。

（三）拥挤踩踏事故的防控

拥挤踩踏事故一般指在某一事件或某个活动过程中，因聚集在某处的人员过多，致使一部分甚至多数人因行走或站立不稳而跌倒未能及时爬起，被人踩在脚下或压在身下，短时间内无法及时控制、制止的混乱场面。由于学校师生数量较多，在上下课的高峰时段，教学楼、校门出入口等区域人均占有的空间密度较小，对于拥挤踩踏的防控尤为重要。对于拥挤踩踏事故的预防措施如下。

（1）在行进中，发现慌乱人群向自己方向涌来，应快速躲到一旁，等人群过去后再离开，千万不要让自己也混入慌乱的人群，更不要乱跑，以免摔倒。

（2）当身不由己混入混乱人群中时，一定要双脚站稳，抓住身边一件牢固物体（栏杆或柱子）或靠墙。或随人流慢慢移动，注意不被挤倒，时刻提高警惕，尽量不要受周围环境影响，更不要无序乱挤。

（3）时刻注意脚下，千万不能被绊倒，避免自己成为拥挤踩踏事件的诱发因素。当发现自己前面有人突然摔倒了，马上要停下脚步，同时大声呼救，告知后面的人不要向前靠近。

（4）遭遇拥挤的人流时，一定不要采用体位前倾或者低重心的姿势，即便鞋子被踩掉或重要的物品丢在了地上，也不要贸然弯腰提鞋、系鞋带或拾取物品。

（5）已被裹挟至人群中时，要切记和大多数人的前进方向保持一致，不要试图超过别人，更不能逆行，要听从指挥人员口令。专家指出，心理镇静是个人逃生的前提，服从大局是集体逃生的关键。在人群拥挤中前进时，要用一只手紧握另一手腕，手肘撑开，平放于胸前，微微向前弯腰，形成一定空间，以保持呼吸道通畅。一旦被人挤倒在地，设法使身体蜷缩成球状，双手紧扣置于颈后，保护好头、颈、胸、腹部。

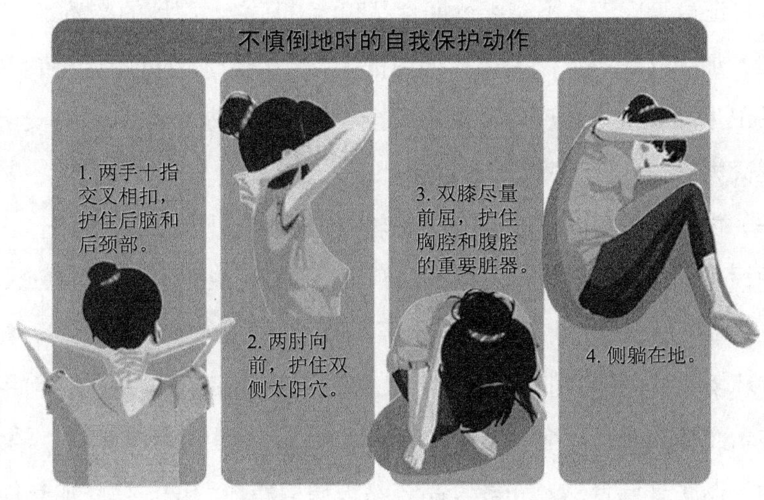

（四）其他校园安全隐患的防控

1. 食品卫生安全与防控

一般来说，正常的食物不具有毒性，也不会对人体造成伤害，但是随着时间的变化，生产、销售、烹调过程中一些有害、有毒物质会进入食物之中，食用后就可能发生中毒事件。大学生的食品卫生安全问题是高校必须重点关注的问题之一，高校一旦爆发食品卫生安全问题就会是大面积的、严重的，甚至会造成不可估量的损失，因此必须高度重视高校食品卫生安全问题，采取必要的措施加强食品卫生安全，预防食品中毒事件的发生。

（1）大学生应加强食品卫生安全意识。要避免在大学生中发生食物中毒事件，首先应该从大学生自身做起，提高大学生自身的预防意识。作为大学生应当养成良好的生活卫生习惯，坚持一日三餐，做到有规律饮食，聚会时不暴饮暴食，勿饮酒过量，尽可能根据气候特点和个人身体状况合理安排饮食，特别是要注意患病期间的饮食卫生。学生就餐应选择在校内食堂，尽量减少到校外就餐，不去卫生条件较差的马路餐厅或个体摊点进餐或购买食品。此外，在选购食品时要查看其生产日期、保质期，是否有厂名、厂址、生产许可证号等标识。不能买过期食品和没有厂名、厂址的产品。

（2）加强立法，依法关闭校园内的非法小作坊，查处不合格食品。加强食品卫生安全检查力度，消除不安全食品来源。加强食品卫生安全的宣传，提高大学生的防范意识。

（3）学校要做好食品在采购、运输、储存等过程中的卫生工作，防止食品源污染及食品中毒事件发生；改善学校食堂卫生状况，定期检查、定期清除、定期消毒。提高食堂厨师的水平，学习合理搭配膳食的知识。食堂必须保持环境整洁，消除苍蝇、老鼠等及其滋生条件。制作食品的任何用具与食具的表面都必须保持绝对干净。清洁地面的拖把也应经常清洗、消毒。

（4）彻底烹调食品。许多食品容易被病菌原体污染，彻底加热能杀灭各种病原体。要记住食品的所有部分的温度都必须达到 70 摄氏度以上。避免生食与熟食接触。熟食与生食稍有接触都可能被污染。这种交叉污染可能是熟食与生的家禽肉类等直接接触，也可能是接触未清洗干净的案板、刀具、容器等引起的，交叉污染可能引起微生物繁殖和引发传染病。

（5）学生食堂工作人员、饮食管理人员必须每年进行健康体检。

2. 网络信息安全与防控

网络信息安全是指网络信息系统的硬件、软件和系统中的数据受到保护，不受偶然的或者恶意的原因破坏、更改与泄露，系统可以连续可靠地正常运行，网络服务不中断。网络信息安全是一个关系国家安全和社会稳定的重要问题，其重要性正随着全球信息化步伐的加快越来越重要。网络信息安全是一门涉及计算机科学、网络技术、通信技术、密码技术、信息安全技术、信息论等多种学科的综合性学科，网络信息的透明加大了犯罪的可能性。为了预防网络信息安全，应做到以下几点。

1）学校管理方面的安全措施

首先是制定严格的规章制度和措施，加强对人员的审查和管理，结合机房、硬件、软件、数据、网络等各个方面的安全问题，对工作人员进行安全教育，提高工作人员的责任心，严格遵守操作规则和各项保密规定，防止人为事故的发生。其次是加强对信息的安全管理，对各种信息进行等级分类，对保密数据从采集、传输、处理、储存到使用，都要采取安全措施，防止数据有意或无意泄露。

2）网络安全漏洞扫描技术

漏洞扫描是使用漏洞扫描程序对目标系统进行信息查询，通过漏洞扫描，可以发现系统中存在的风险。这项技术的具体实现就是安装安全漏洞扫描程序，定期对系统进行扫描。

3）防火墙技术

防火墙是为加强网络访问控制，在内部网与外部网之间实施安全防范的系统，它保护内部网络免受非法用户的入侵，过滤不良信息，防止信息资源的未授权访问。

4）备份和镜像技术

用备份和镜像技术能提高数据的完整性。备份技术是最常用的提高数据完整性的措施，它是指对需要保护的数据制作一个备份，一旦失去原件还能使用数据备份。

5）防病毒技术

每台计算机都要安装杀毒软件定期对系统进行扫描，并经常升级杀毒软件，确保系统安全。

6）个人方面

大学生应该在自己上网时，加强对信息的保护，提高保护个人信息的意识。同时要遵循网络道德，在未经他人允许的情况下，不利用他人信息，不向别人提供他人的信息。

第三节 校园心理健康援助

高校培养的学生不仅要有良好的思想道德素质、文化素质、专业素质和身体素质，还要有良好的心理素质。大学生在走向更好、更高的发展前景的过程中，难免遭遇很多挫折，在应对这些挫折的时候，不正确的处理方式会对他们的心理健康带来一定程度的影响，成为阻碍他们健康成长的重要因素。因此，关注学生的身心健康，根据学生的心理特点，构建完善的心理健康教育体系，结合深入有效的调查，开展一系列大学生心理健康援助活动，从而提高大学生的心理素质势在必行。

一、常见校园心理健康问题

随着我国高等教育的飞速发展，高校在校学生人数不断增加，大学生面临的升学、就业压力与日俱增，大学在校生的心理健康状况不容乐观，极端事件屡有发生，如云南大学的马加爵行凶，天津医科大学的马晓明杀父，清华大学的刘海洋硫酸伤熊事件等。同时，大学生的心理健康问题受到了社会的广泛关注，也引起了各个高校的高度重视，很多高校都在大力推动大学生心理健康教育工作。其中最重要的内容就是培养学生的心理健康意识，传授心理健康知识，提高学生心理素质，促进学生自我发展和适应环境的能力。世界卫生组织专家断言，从现在到 21 世纪中叶，没有任何一种灾难能像心理危机那样给人们带来持续而深刻的痛苦，从疾病发展史来看，人类已进入“心理疾病”时代。校园心理健康问题更不容忽视。下面对几种常见的校园心理健康问题进行分类描述。

（一）学习方面的问题

大学学习环境相比之以前比较宽松，自由时间安排较多，部分同学一时松懈，出现逃课、沉迷于网络的现象。平时没有认真学习、得过且过，等到了考试的时候就开始紧张，感受到巨大的学习压力。虽然适当的压力可以使人充实和上进，但是，压力过大或者过于持久，人们就会出现焦虑烦躁、抑郁不安等心理障碍。大学生的学习压力有的来自于所学专业并非是自己喜欢的，这使他们长期处于冲突与痛苦之中；有的是因为课程负担过重，学习方法有问题，特别是刚入学的一年级新生，对“师傅领进门，修行在个人”这种与以往截然不同的大学学习方式、方法不适应，从而感觉无所适从，精神长期过度紧张也会带来压力；还有的是因为参加各类证书考试所带来的应试困惑问题，等等。

（二）生活方面的问题

生活方面的问题主要来源于生活贫困所造成的心理压力。校园中有许多贫困生，甚至是特困生。经济的压力使他们在与同学同进同出的生活中产生了深深的自卑感，使这些低收入或贫困家庭的子女总是妄自菲薄，不能很好地完成本来可以胜任的学习任务，造成事实上的无能，更加重了自卑；自卑也使一部分学生过分保护自己，去做自己力所不能及的事情，经常经历挫折，会在内心产生消极的、敌对的情绪，有的学生甚至发展成自闭症或抑郁症，而不得不退学。生活和学习变得没有目标，心理上感到茫然，情绪低落。

（三）情感方面的问题

大学生的生理机能已经成熟，逐渐产生了恋爱的要求，大学生对情感方面的问题能否正确认识与处理，已直接影响到他们的心理健康。目前，大学生存在的恋爱困扰主要是对两性交往的不适，性冲动的困扰及缺乏处理恋爱中感情纠葛的能力等。

（四）家庭方面的问题

家庭方面的问题包括两个方面：一是家庭经济问题；二是家庭关系问题。家庭经济问题可以直接导致学生产生自卑、压抑等心理问题；家庭关系不良也是导致学生出现心理危机重要的原因之一。现代的青年学生个性张扬，叛逆心理很强，很多学生不能理解父母的一些想法和要求，不能处理好与父母之间的关系，家庭关系紧张。

（五）身体疾病问题

当学生身体出现一些疾病时，往往会导致学生的不安和焦虑，尤其是当出现一些疑难杂症、生殖系统疾病、皮肤病等对自身形象、自尊、就业影响较大的疾病时，学生一般都无法正确地认识和对待，又不敢说出来，害怕老师和同学知道，心理负担极大。

（六）角色转换问题

大学生的角色地位及生活环境与高中时期有着很大的不同。许多大学生都是第一次离开父母过上住校的生活，以前在家没有洗过衣服，生活自理能力差，对父母有较强的依赖性。生活问题对这部分学生造成了一定的压力。另外，大学中评判学生优劣的标准已不再是单纯的学习成绩，还包括了组织管理能力、人际交往能力等综合因素，这种标准的多样化使部分成绩优秀而其他方面表现平平的学生感到不适应，其自尊心受到强烈的影响，心理上产生失落和自卑。

（七）就业压力问题

大三、大四的学生面临着人生的一个重大选择题：就业、创业、考研还是考公务员？这四项选择中，无可否认创业的难度系数是最高的。同样地，毕业生找工作难也是这几年来的普遍问题，而要找一个理想的工作就更难。考研又要面对巨大的学业负担和学习压力，公务员考试也是一种从未接触过的考试形式。这些都给临近毕业的大学生造成巨大的精神压力。这种压力如果以一些不正当的渠道宣泄出来，就会出现酗酒打架、消极厌世等现象。因此，对大学生尤其是毕业生进行就业辅导，帮助他们调整择业心态，选择适合于自己发展的道路是非常重要的。

（八）特困生心理问题

近年来，特困生的思想、学习、生活已受到社会各界的广泛关注。高校采取了“奖、贷、勤、免、补”等办法，广开渠道，解决困难学生的生活问题。困难学生不仅仅是经济困难，他们的心理问题也值得引起高度重视。少数特困生与普通生相比，更多地表现出自尊而敏感、人际交往困难。尤其是那些“双困生”，学习成绩不理想，家庭经济也困难，导致心理负担很重。

二、校园心理健康问题的心理援助

心理援助是指为那些遇到心理困惑、心理问题和心理危机的大学生提供心理支持、心理辅导与咨询、转介治疗等专业性帮助，缓解其心理痛苦，并提高其心理健康水平。心理援助对象是指已经出现心理问题或心理危机的大学生，具有心理问题高发风险的大学生及未来的某个时期可能会出现心理问题的大学生。

（一）开展校园心理援助活动

多彩、健康、和谐的校园心理文化对校园心理健康有着潜移默化的作用，从而有利于大学生以更加开放的心理状态进行心理咨询。

1. 建立心理咨询机构

除了建立心理咨询室，还可以开设心理咨询信箱，建立心理咨询网站等，这些都是进行校园心理咨询的基础准备。同时，在校园心理文化的建设上，可以从细节做起，如在黑板的边角处写下心理方面的阳光小句，在校园广播里播放心理温馨话语，在墙壁上涂鸦心理幽默图画，这些都能为校园心理咨询策略的实施添砖加瓦。

被称为“健心坊”的北京交通大学学生心理素质教育中心成立于1993年5月，其举办的活动包括全校“我的微成功”优秀班级建设活动及心理委员素质拓展训练、北京高校心理社团专题论坛等，同时结合本校学生特点，自主开展了微博互动、签名墙、有诚必扰–快乐大作战等各类活动。北京交通大学学生心理素质教育中心共有12名专兼职心理咨询师，其中专职咨询师4人，兼职咨询师8人，其中4人来自专业医院或心理院系。

北京交通大学学生心理素质教育中心以心理素质培养和潜能开发为落脚点，面向全体学生，开展丰富多彩的心理健康教育活动。每年5月举办大学生心理健康文化活动月，10月开展心理健康专题宣传，全年为校内各类人群开展心理讲座和培训达40余场。另外，面对学生成长过程中的环境适应、人际交往、情绪管理、自信心培养等共性问题，开设个人成长工作坊和朋辈交流与互助小组。开通“红果园健心服务热线”和网络咨询平台，为不愿意走进咨询室的学生提供了另一条与专业咨询师沟通的途径。

2. 开展丰富多彩的心理教育活动

开展丰富多彩的心理教育活动，关注校园心理健康，有利于普及心理知识，并营造良好的校园心理咨询的环境。由此学生也可以通过自己的亲身实践，感受心理文化的氛围，在实践中升华，获得自己内心的心理感知。高校可以举办心理剧表演、心理知识竞赛、特色心理讲座等一些有趣的活动来减轻学生的心理压力，在活动中放松自己，提高自己的心理承受能力。为引导大学生关注自身的心理健康，教育部、团中央、全国学联办公室向全国大学生发出倡议，把每年的 5 月 25 日确定为全国大学生心理健康日。“5.25——大学生心理健康日”在全国高校得到认同，全国高校都利用这一天开展多种形式的心理健康教育活动，甚至认为这一天就是“大学生的心理健康节”。

图 5-3　心理健康宣传手册集锦

3. 加强对心理教育的宣传

校园中大多数学生对心理咨询的工作情况并不是很了解，对相关心理教育活动也缺乏热情。因此，在校园心理咨询的策略上，可以将宣传册、宣传板、校园网站等作为传播媒介，进一步加强校园心理教育的影响力，提高同学们对心理健康的关注度，让大家可以更好地认识到心理健康教育的重要性。图 5-3 展示了北京交通大学部分心理健康宣传手册。

在针对北京交通大学学生的校园安全调查问卷中，对“你在学习生活中出现心理问题难以自我调节时，会向谁求助？”的调查中，选择朋友的最多，然后依次是同学和父母、学校心理咨询机构、辅导员和班主任及其他。从调查结果看，学校心理咨询机构在绝大部分人心中存在感较弱。在今后的工作中，要加强对心理教育的宣传工作，使学生对学校心理咨询机构形成正确的认识。

（二）培养校园心理援助人员

1. 班级设立心理委员

心理委员制度是校园心理健康教育中不可或缺的环节，是校园危机干预体系的重要组成部分。学校通过选拔和培训一批社会工作能力较强的学生担任心理委员，不但能够及时关注和了解学生群体的异常和突发情况，还能够发挥同龄人相互帮助的优势，是校园心理健康教育中的一支主力军。校园学生工作中心应该坚持以“信任”“呵护”“成长”的理念为指导，尽最大努力促进学生快乐自信地成才。笔者发现，在日常心理教育过程中，心理委员已经显示出不可小觑的作用。因此，在心理健康咨询的策略实施中，心理委员应做到以下几方面的工作。

（1）在工作过程中表现出热情、积极、乐观的态度，乐于助人、乐于奉献。

（2）能及时发现、关注和帮助有心理困惑的同学，并展开积极有效的心理干预。

（3）认真落实学校的相关工作，积极开展多种形式的班级心理健康活动，可以组织班级心理测试或者心理素质拓展等。

（4）一旦发现有重大心理变故和行为异常的同学，有处理不了的问题向老师和相关领导进行求助，及时帮助老师有效地维护校园的稳定。

（5）能够主动学习学生校园心理健康知识，对自己有充分的认识，能及时发现、分析并解决自己的心理问题，不断提高自身心理素质，善于从实践中总结经验。

2. 学校和老师共同培养学生的心理疏导能力

老师要引导学生养成良好的生活习惯、作息规律，提高学生的身体素质。除此之外，学生自身也要学会缓解压力，当面对挫折或情绪低落时，可以寻求老师、同学的帮助。

（三）学习心理咨询的基本技能

学生心理素质教育中心在对学生进行有限的心理咨询工作时，应该严格按照心理咨询的规范操作，因此，应掌握以下心理辅导技能。

1. 倾听技术

倾听是心理咨询的基础，是建立良好咨询关系的基本要求。倾听不但可以表示对来访者的尊重，也可以收集充分的情况。在倾听的过程中应该保持中立的态度，不加以赞赏，也不加以批判。但同时要有适当的态度来和来访者达成情感上的共鸣。

2. 角色互换技术

角色互换技术是指让受访者在这个人与人交往的过程中体验、观察、学习，重新认识自己、审视自己，然后让受访者扮演心理咨询师，进行角色互换，从不同的角度来体会事情。

3. 阻抗处理技术

面对不同的受访者，被咨询者要处理各种不同类型的心理情况，因此学会阻抗处理技术有利于被咨询者更好地进行心理咨询。例如，面对受访者沉默的情况，心理咨询师应该积极开导对方，善于分析沉默的原因，通过受访者沉默的状态来判断对方的性格特征。此外，心理咨询师还经常遇到受访者的依赖现象，因此，心理咨询师应该掌握抗依赖和移情的技巧，认真判断并冷静对待问题。

4. 真诚技术

心理咨询师在咨询的过程中应该有真诚的态度，要卸下伪装， 以平等的姿态与同学沟通。对于咨询过程要认真对待，应该站在受访同学的角度帮受访同学解决问题。心理咨询师不是演员，更不能像例行公事一样处理问题。心理咨询师要促进受访同学打开他们深锁的心门。

摆脱忧郁情绪的方法

1. 不要为自己寻找借口。
2. 再给自己一点爱。
3. 分散你的注意力。
4. 改变你的行为。
5. 走出忧郁，创建“三人空间”。
6. 了解自己的极限。
7. 相信自己，也相信他人。
8. 向朋友诉说自己的烦恼。
9. 看到事实的光明面。
10. 把复杂问题分解成简单问题。
11. 倾尽全力完成一件事。
12. 运动是自救的基础。

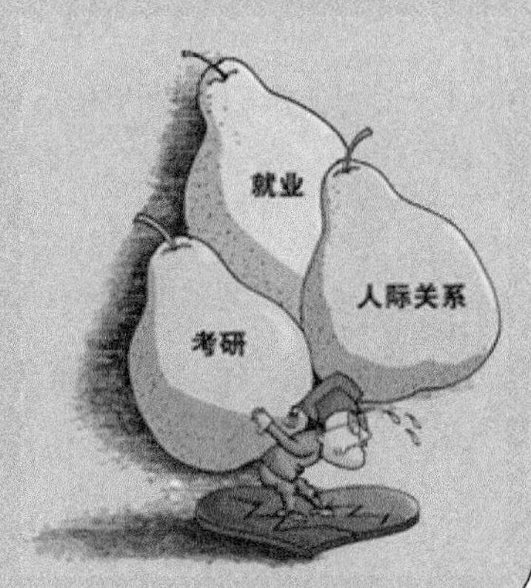

第四节 校园突发公共事件和危机干预措施

校园突发公共事件是指在校园内突然发生的，不可预料的，严重危害师生安全，造成或可能造成严重社会危害，破坏学校正常教学生活秩序，需要采取应急处置措施予以应对的事故灾难和社会安全事件。校园突发公共事件不仅具有一般突发事件的特点，而且具有“校园”这一特定区域和“师生”这一特定主体所赋予的独特特征和性质。大量事实表明，相当多数的突发事件是可控、可防的。从研究的角度看，探寻高校发生突发公共事件的内在规律，正确防范可能在高校发生的各种突发公共事件，防止突发公共事件的发生，避免因突发公共事件处置不当而造成人身、财产损害更具普遍意义。除一些自然灾害类突发公共事件无法避免以外，要杜绝校园突发公共事件发生或将其危害和影响降到最低程度，根本措施就是要构建学校内部和外部的发展环境，从源头上预防人为管理类突发公共事件的发生，并且建立积极的应对机制，突发事件一旦发生，能够迅速做出反应，以使其影响降到最低限度。

一、加强安全意识教育

（一）培养安全意识

广大师生都要树立安全意识。安全意识需要长期不断地培养，才能在日常的工作、学习和生活中做到人人遵纪守法、自觉自律，形成良好的行为方式和习惯。建立突发事件安全监测点，每个监测点都要明确职责，分工合作，做好各类突发公共事件的监测、记录和报告工作。要以学生为主体，通过建立学生安全员制度来实现。例如，建立学生宿舍安全员制度，监测学生宿舍的消防、卫生、宿舍管理等情况；建立班级心理卫生监测员制度，监测学生思想、心理、学习、生活等情况。要培养学生应急意识，完善相关措施；要定期进行防火逃生演练，从实操中才能获得生存的本领。

2003 年发生的全国性“非典”疫情，北京交通大学师生的紧张、恐慌、焦虑和害怕等心理行为反应主要来源于对“非典”相关知识了解太少，同时又承担传言和信息过载的压力，心理上会感到不可预测，难以把握。为营造一个健康、安全的环境，学校采取的主要干预措施是通过校电视台、校报纸、校园网站等多种渠道，提供关于“非典”的科学普及知识，如对“非典”的典型症状、发病原因、传染途径、隔离的条件及各种防护措施，做到心中有数。图 5-4 反映了当时北京交通大学“非典”疫情重大隔离区里的场景。

图 5-4 “非典”疫情重大隔离区

（二）建立校园预警机制，加强与预警对象的沟通

预警群体对象包括贫困生、留级生、有严重心理障碍学生、受处分学生；预警个体对象是包括具有某些人格特征、家庭教养环境和行为表现偏常的不特定的个人。这些学生的内心容易产生冲突、矛盾乃至自责，他们所特有的价值观念、情感体验会使他们产生较深的焦虑。而在适应紧张的

学习生活过程中，这种焦虑不仅不能得到缓解，还有可能增加或强化。传统的预警方法多采用事件跟踪的方法，现代预警方法则更加重视预警指标的方法。预警指标是依据对预警对象（事件、个人）的情况建立一套有监测功能的预警指标体系，并通过预警指标，利用某种理论与经验，分析确定预警对象与危机情势发展之间的因果关系，以此进行危机早期预测。首先，畅通的信息系统可以帮助领导做出正确的决策，避免猜测和谣言带来的不稳定性，从而最大限度地减少突发公共事件造成的负面影响。其次，畅通的学生工作信息，可以实现师生间的双向信息交流，及时了解学生的思想状况和生活现状，实现对学生的有

效管理，为学生的发展创造良好的环境。保证信息渠道畅通很重要的一点是要深入实际，通过各种沟通渠道深入学生中，了解学生的状况，并定期对其进行全面分析，明确工作的重点及解决的办法。

二、保证信息渠道畅通

在突发事件发生后，按照一定的程序上报各级政府及有关主管部门，对于上级政府或主管部门及时掌握信息，了解情况，做好各项预警准备，做出宏观决策都是非常必要的，属于信息报告范围。信息报告不等同于按照程序启动应急预案，即使所发生的突发事件不需要动用上一级政府应急机构的资源，也要按照规定逐级上报。在此方面一定要打破传统的“内紧外松”的策略，认真贯彻执行信息报告制度，防止出现任何隐瞒、缓报、漏报或谎报信息的现象，甚至阻挠媒体公正介入事件报道，不让公众了解突发事件的真相，这是非常危险的。高校应在各项应急管理规章制度中明确信息报告制度的有关规定。根据高等学校管理体制情况，除了报告上级主管部门外，还应同时报送当地政府有关部门。应依据事态发展情况，逐次报送事件信息、处置情况报告和总结报告等。

以 2003 年发生的“非典”疫情为例，为防止疫情扩散，北京交通大学采取特殊管制措施，封闭校园，严格控制出入，这一举措得到学生的充分理解。但也有的高校由于缺乏有效沟通，工作没有做细，一些学生出现情绪波动。在这段非常时期中，学生极容易产生恐慌和担心，主要是由于从一些非正式的渠道得到的信息与正式途径得到的信息有较大差距，从而产生一种不信任感。北京交通大学主要干预措施是建立客观、公正、及时、准确的信息发布通道，打消学生心中的疑虑，同时使学生了解信息的途径从主要是通过非正式途径转移到可信任的正式途径上来，如通过学校建立起来的广播电视网络和每日疫情通报网等来了解疫情。另外，北京交通大学引导学生养成通过正式渠道获取信息的习惯，通过权威性的机构（如政府、电台、电视台等）获取有关“非典”的最新消息，了解相关知识，尽量减少不确定的“可能”，避免道听途说，以讹传讹，加重精神压力和心理负担。

三、完善应急管理体系

（一）构建科学、合理的应急程序

统一指挥是应急活动的最基本原则，也是应急程序的基础性程序机制。高校在实施应急活动时，虽然所涉及部门、单位的行政级别高低和隶属关系不同，都必须在校党委的统一领导下，服从应急指挥部的统一指挥，有令则行，有禁则止，步调一致，坚决杜绝自以为是、擅自主张、各行其是的情况发生。针对高校突发公共事件的不同层次、不同类型、不同性质和危害的不同程度，应当制定标准，对其进行分级；同时，根据事件的发展态势和变化，及时调整事件分级。分级响应有利于在应急活动中较好地把握应急行为的“度”，降低应急活动对学校正常教育教学工作的影响。学校的应急指挥领导和领导小组成员必须亲临事件发生的第一线，坚持实地考察、了解情况，坚持实事求是的原则，并且坚决、果断、迅速、准确地处理事件。

（二）健全各项应急管理保障条例

应急管理保障条例是规范应急行为的基础，也是开展应急活动的依据。高校中一旦发生突发公共事件，必须立刻启动应急预案，并在各项法律、法规和学校制定的各种管理条例的规范下，

根据已制定的各项应急标准，实施应急活动。因此，高校应当针对应急管理各项工作的开展，制订应急预案，并且能够在发生危机时，及时启动预案。应急预案是针对可能发生的各种突发公共事件，为保证迅速、有序、有效地开展应急与救援行动，降低事故损失而预先制订的有关计划或方案。应急预案明确了在突发事故发生之初、发生过程中及刚刚结束之后，每个相关应急管理人员的所作所为，明确如何做，何时做，以及相应的策略和资源准备。

（三）完善校园应急预案

校园应急预案要以国家法律法规为依据，结合高校自身实际情况进行编制。预案编制首先有必要对预案进行科学分类。例如，教育部编制的《教育系统突发公共事件应急预案》，除了包括国务院统一要求的自然灾害、事故灾难、突发公共卫生事件、突发社会安全事件的应急预案框架外，还根据教育系统的特点，补充了网络与信息安全和考试安全应急预案，形成了六大类突发公共事件的应急处置工作预案体系。此外，每学期的校园疏散应急演练是每个高校都必不可少的一项工作内容，通过实际操练，使师生熟悉疏散场所、疏散路线、疏散通道。当危险真正来临时才能做到临危不乱。

四、做好善后处理工作

（一）建立突发公共事件的安抚机制

校园突发公共事件发生后，在恢复期内，学校突发公共事件管理组织必须面向师生，争取广泛的支持。要做好这一点，必须要处理好突发公共事件相关者的善后安排。第一，要及时把突发公共事件造成的社会危害控制到最小；第二，要恰当处理突发公共事件的“肇事者”。对于带有明显政治倾向的群体性事件的组织人员、参与人员及围观人员，应进行区别处理。对极少数具有野心的顽固分子要严厉惩处，而对于不明真相的少数学生则应采取说服教育的办法，力求转变他们的思想。

（二）建立突发公共事件后的转变机制

在对高校突发公共事件的应对管理过程中，不应是单纯地以处理事件为最终目标，而应该利用突发公共事件造成的危害和损失为依据对师生开展教育，提高师生对危机的认识和应对能力，提高他们应对突发公共事件的技能，提高师生整体抵抗突发公共事件的水平。更应该结合此次突发公共事件处理阶段的经验教训，变危险为机遇，顺利进行观念更新、组织变革，充分发挥突发公共事件危机可能成为促进组织发展、资源整合的一种积极力量的功能，以维护学校稳定与和谐的校园氛围。

（三）建立突发公共事件后的重建机制

校园突发公共事件危机管理结束后的重建机制，主要是指秩序恢复和心理恢复。秩序恢复的主要任务为：第一，尽快修复因突发公共事件被损坏的教学设施和生活设施，恢复正常的教学、生活秩序；第二，尽快清除因突发公共事件残留的隐患，消除师生的心理顾虑，例如，发生传染病事件后，应对校内所有场所进行消毒处理；第三，加强说服教育，尽量减少突发公共事件对师生情绪的负面影响。心理恢复的主要任务为：第一，积极引导师生正确认识突发公共事件的真相；第二，及时公布学校开展隐患排查的情况，并重点说明学校整改隐患的进展情况，教育师生如何提高突发公共事件应对能力；第三，成立心理疏导专业小组，对因突发公共事件而产生较大心理问题的师生及时给予心理疏导；第四，加强突发公共事件应对教育，增强师生应对突发公共事件的心理承受能力。

参 考 文 献

[1] 北方交通大学志编纂委员会. 北方交通大学志. 北京：中国铁道出版社，2001.

[2] 北京交通大学年鉴编委会. 北京交通大学年鉴 1998—1999. 北京：北京交通大学出版社，2000.

[3] 北京交通大学年鉴编委会. 北京交通大学年鉴 2000—2001. 北京：北京交通大学出版社，2002.

[4] 北京交通大学年鉴编委会. 北京交通大学年鉴 2003. 北京：北京交通大学出版社，2004.

[5] 北京交通大学年鉴编委会. 北京交通大学年鉴 2004. 北京：北京交通大学出版社，2005.

[6] 北京交通大学年鉴编委会. 北京交通大学年鉴 2005. 北京：北京交通大学出版社，2006.

[7] 北京交通大学年鉴编委会. 北京交通大学年鉴 2006. 北京：北京交通大学出版社，2007.

[8] 北京交通大学年鉴编委会. 北京交通大学年鉴 2007. 北京：北京交通大学出版社，2008.

[9] 北京交通大学年鉴编委会. 北京交通大学年鉴 2008. 北京：北京交通大学出版社，2009.

[10] 北京交通大学年鉴编委会. 北京交通大学年鉴 2009. 北京：北京交通大学出版社，2011.

[11] 北京交通大学年鉴编委会. 北京交通大学年鉴 2010. 北京：北京交通

大学出版社，2012.

[12] 北京交通大学年鉴编委会. 北京交通大学年鉴 2011. 北京：北京交通大学出版社，2012.

[13] 北京交通大学年鉴编委会. 北京交通大学年鉴 2012. 北京：北京交通大学出版社，2013.

[14] http：//localnews.bjtu.edu.cn.

[15] 中共北京市委教育工作委员会，北京高教学会保卫学研究会. 大学生安全知识 [M]. 3 版. 北京：机械工业出版社，2011.

[16] 贾晓维. 我国高校治安问题研究[D]. 重庆：重庆大学，2009.

[17] 黄祥铭. 浅谈校园犯罪的特点、原因、对策[J].法制与社会，2013（27）：251-252.

[18] 汪飞奇. 大学校园交通现状、原因及对策分析[J]. 时代教育，2012（17）：70-71.

[19] 崔新春. 浅谈运动损伤的原因及预防[J]. 考试（教研），2010（3）：98-99.

[20] 艾海涛. 浅谈体育运动中运动损伤的问题[J]. 陕西教育理论，2006（7）：87-88.

[21] 张现. 中学生体育训练常见损伤的原因及预防探析[J]. 体育科技文献通报，2009（6）：83-85.

[22] 陈明. 城市公共空间景观环境的安全评价[D]. 西安：西安建筑科技大学，2000.

[23] 孙汝淑，祁素萍. 城市公共空间中的危险性辨识[J]. 艺术与设计，2008（6）：84-86.

[24] 王芳. 校园公共空间环境安全管理研究[J]. 襄樊学院学报，2010，31（2）：55-57.

[25] 椰永华，田文涛. 大学生安全教育读本[M]. 北京：北京理工大学出版

社，2010.
[26] 陈露晓. 学校安全教育读本[M]. 北京：中国社会出版社，2008.
[27] 胡邦耀. 大学生避灾自救互救手册[M]. 广州：华南理工大学出版社，2009.
[28] 曹帅召. 大学生安全教育[M]. 北京：经济科学出版社，2010.
[29] 周红，曾庆璋. 大学生心理成长论[M]. 北京：科学出版社，2012.
[30] 王兴中. 创建平安校园安全教育读本[M]. 北京：北京理工大学出版社，2013.
[31] 宋守信. 直面危机[M]. 北京：北京交通大学出版社，2003.
[32] 任水才. 坚持以人为本　创建平安校园[J]. 教书育人，2005（S6）：18-19.
[33] 李沛涵，晏超. 传承大学之道　建设平安校园[J]. 成都电子机械高等专科学校学报，2009（2）：39-43.
[34] 孙乃有，韩丽丽. 平安校园建设的重中之重[J]. 承德石油高等专科学校学报，2013（4）：59-61.
[35] 蔡文政. 刍议平安校园建设中高校安全保卫工作完善策略[J]. 科教导刊（上旬刊），2011（1）：209-210.